本书系云南省哲学社会科学规划项目重点项目
"抗战时期西南联大经济学的实践与本土化研究"
（ZD202311）阶段性成果

大师小传

西南联大教授传记合集

DASHI XIAOZHUAN

XINAN LIANDA JIAOSHOU ZHUANJI HEJI

王浩禹 著

云南人民出版社

图书在版编目（CIP）数据

大师小传：西南联大教授传记合集 / 王浩禹著.
昆明：云南人民出版社, 2025. 1. —— ISBN 978-7-222
-23596-0

Ⅰ. K825.46

中国国家版本馆CIP数据核字第2025YE3606号

组稿统筹： 冯　琰
责任编辑： 武　坤
责任校对： 王曦云
封面设计： 张益珲
责任印制： 窦雪松

大师小传：西南联大教授传记合集
DASHI XIAOZHUAN: XINAN LIANDA JIAOSHOU ZHUANJI HEJI

王浩禹　著

出　版　云南人民出版社
发　行　云南人民出版社
社　址　昆明市环城西路609号
邮　编　650034
网　址　www.ynpph.com.cn
E-mail　ynrms@sina.com
开　本　889mm×1194mm　1/32
印　张　6.5
字　数　120千
版　次　2025年1月第1版第1次印刷
印　刷　昆明理煋印务有限公司
书　号　ISBN 978-7-222-23596-0
定　价　59.00元

如需购买图书，反馈意见，请与我社联系。
图书发行电话：0871-64107659

云南人民出版社微信公众号

缘　起

　　西南联大是中国教育史乃至世界教育史上的奇迹和不朽的丰碑。一直以来，西南联大都是学人的永恒话题，知西南联大的重要性，知西南联大研究的重要性。

　　笔者本是治宋史出身，对西南联大历史只是知晓一二，然博士毕业，有在西南联大博物馆工作的一段经历，适应工作和研究的需要，对西南联大历史开始了一些思考。这本书的构思和写作，是对西南联大历史研究的思考过程中的产物。

　　这个产物得益于笔者的宋史研究的训练。人物是历史研究的重要对象，而为历史人物立传，也是历史研究的重要方法和基础性工作，这是不同历史断代研究的共性。另外，笔者之所以会写作这本书，很大程度上受到台湾学者刘绍唐的《民国人物小传》的影响和启发。其书汇集了民国时期重要人物小传，有详有略，对于了解民国时期重要人物的生平事迹、传略很有帮助。所以，笔者就想，西南联大教授众多，名家荟萃，其实可以"东施效颦"，为其写小传。巧的是，刘绍唐是1941年考入西南联大的，不过，后来他去了台湾。

西南联大教授都是各领域的代表性人物，用现在时髦的话说，是当之无愧的大师。又因，本书只是西南联大教授的传略，是西南联大教授传记的一个汇集，故题为《大师小传：西南联大教授传记合集》。

本书只是一个尝试，也是一项基础性工作。在写作上，对传主的传记，采取略写传主西南联大以前和西南联大以后的事迹，重点写传主在西南联大时期的经历，目的在于与既往的西南联大学人传记侧重点有所区别。本书以年系事、以事系年，着重撰写传主在西南联大的教学、科研、交游、参与校务、服务抗战等方面的活动，希望给读者呈现出传主整体的西南联大生活样貌，从而走近大师、走进西南联大。在人物的选取上，一方面选取一些具有代表性的人物，特别注意选取一些具有弘扬主旋律作用的人物；另一方面也选取一些被长期忽视的人物为其立传。

以上就是笔者写作这本书的一个心路历程，也是一种尝试和探索，希望这种尝试和探索能够继续下去。

目　录

闻一多（1899~1946）

　　闻一多，原名家骅，字善益，号友山，亦号友三。至清华学校读书时，改名多，笔名一多。后以一多见称，闻名于世。我国著名诗人、学者、民主斗士。清光绪二十五年己亥十月二十二日（1899 年 11 月 24 日）生于湖北省蕲水县巴河镇望天湖畔闻家铺一个封建世家，父亲是清末秀才。一多 1904 年始入私塾，习《三字经》、《幼学琼林》、《尔雅》、"四书"等。1905 年，跟随王梅甫先生读新书，开始接触新思想。1909 年，到省城两湖师范附属高等小学就读，并在叔父丹臣先生主持的改良私塾补习英文、算学、语文等。1911 年，辛亥革命爆发，回家避难。1912 年，初入国民公学校，旋入实修学校。同年夏，考入清华学校。冬，由闻家骃伴送北京参加清华学校复试，以第一名录取。1913 年 2 月，入清华学校读书，编入甲班。1919 年，五四运动爆发，连夜抄写《满江红》挂于学生饭厅。同年，任《清华周刊》和《清华学报》编辑，积极投身新文化运动。1922年5月，毕业于清华学校。7月16日，远渡重洋赴美国留学，就读于芝加哥美术学院。同年，与高孝贞（又名高贞）结婚。1923年6月，与吴泽霖、罗隆基等决定成立一个以清华学生为核心的大江学会。9月9日，大江学会成立。同年，出版了第一本诗集《红烛》。1924年6月，毕业于科罗拉多大学，却没有获得学位。9月，转学到纽约艺术学院。

1925年6月，闻一多回到了阔别多年的祖国，任教于北京艺术专科学校和北京大学。1926年，任《晨报》副刊《诗镌》编辑。1927年，任教于南京中央大学。1928年3月，与徐志摩、梁实秋等共同创办《新月》杂志，翌年因观点不合，退出了《新月》编辑事务。同年9月20日，任国立武汉大学教授兼国文学系主任。1930年秋，任山东青岛大学教授、国文系系主任兼文学院院长。1932年8月，回到了阔别多年的清华园，受聘为中国文学系教授，开始全心投入中国古典文学的研究。1936年2月19日，出席清华大学在科学馆召开的教授会临时会议。会上，潘光旦报告学生救国会向学校要求延期及免去本学年度第一学期考试经过，并报告系主任会议决定，请教授会讨论。

1937 年，七七事变爆发。为了不做亡国奴，清华大学决意南迁湖南长沙，与北京大学、南开大学合办国立长沙临时大学。闻一多服从抗战大局，毅然决定南下长沙。7 月 19 日，带着三个孩子和保姆赵妈，经津浦路去南京。顾不及带上家私细软，仅带了《三代吉金文存》《殷墟书契前编》两部书。不久到了南京，由南京溯江而上，回到了武昌。10 月 2 日，南下长沙经过武昌的朱自清来访。20 日，朱自清写信给梅贻琦，建议暂缓闻一多休假。22 日晚，闻一多乘火车到长沙。11 月 1 日，国立长沙临时大学正式开课。因长沙校舍紧缺，文学院被安排在南岳上课。3 日，与柳无忌、朱自清、陈梦家、叶公超、罗皑岚、金岳霖、冯友兰、罗廷光、吴俊升、周先庚及英籍教授燕卜孙等乘车赴南岳。在南岳，开始研究《周易》。9 日，与朱自清、吴达元、杨业治游南台寺、福严寺。18 日，国立长沙临时大学在南岳正式开课。闻一多讲授"诗经""楚辞"两门课，各四个学分。24 日，日机轰炸长沙，消息传到南岳，大家一致担忧。12 月 13 日，南京沦陷，武汉告急，长沙频频遭日寇飞机轰炸。几经讨论，于是，国立长沙临时大学决定西迁昆明。

　　是年，发表论文《诗经新义（二南）》（《清华学报》1937 年第 12 卷第 1 期）、《释朱》（《文学年报》

1937年第3期）、《释为释豕》（《考古》1937年第6期）。

　　1938年1月2日，长沙临时大学决定西迁昆明。2月19日，闻一多参加了湘黔滇旅行团，西行两千六百里，同行教师还有黄钰生、袁复礼、李继侗、曾昭抡、毛应斗、许维遹、李嘉言、郭海峰、吴征镒、王钟山等。对于这次步行，闻一多虽有思想准备，仍感慨很多。"'国难期间，走几千里路算不了受罪，再者我在十五岁以前，受着古老家庭的束缚，以后在清华读书，出国留学，回国后一直在各大城市教书，过的是假洋鬼子的生活，和广大的农村隔绝了。虽然是一个中国人，而对于中国社会及人民生活，知道得很少，真是醉生梦死呀！现在应该认识认识祖国了！'话似乎还没说完，摇摇头算了。由他说话的语气和表情，我们知道他内心里是感慨万端的。"[①]4月2日，国立长沙临时大学更名为国立西南联合大学。28日，闻一多与湘黔滇旅行团的师生们经过两千六百里千辛万苦的步行，终于到达昆明。29日，参加了在云南大学举行的纪念清华大学建校二十七周年活动。可是，由于昆明校舍紧张，文学院、法商学院不得不南下蒙自办学。在昆明立足未稳的闻一

---

　　① 刘兆吉：《由几件小事认识闻一多先生》，《大公报》1951年7月16日。

多，旋即赶往蒙自。5月3日，闻一多乘滇越铁路火车动身蒙自。4日至蒙自，与朱自清、王化成、陈寅恪、沈乃正、余肇池、刘文典、樊际昌、陈岱孙、陈序经、李卓敏、丁佶等同住在哥胪士洋行。同日，西南联大常务委员会第六十二次会议决定，闻一多、毛应斗、吴征镒、郭海峰、许维通、李嘉言、倪志文、梁鸿训、徐行敏及袁芳诸先生，"偕同本校湘黔滇旅行团指导学生来滇，依照本会第五十四次会议决议案（七）例，其沿途舟车食宿各费概由本校担任"①。由于其间闻一多勤奋读书不下楼，所以有了"何妨一下楼主人"之雅称。在蒙自分校，他依然讲授"诗经""楚辞"两门课。10日，西南联大常务委员会第六十四次会议决定"成立本校蒙自部分文、法商两院战区学生救济会及寒苦学生贷金委员会"②。与樊际昌、赵逎抟、陈序经、陈筹谷、陈总（即陈岱孙）、叶公超、朱自清、姚从吾为寒苦学生贷金委员会委员，樊际昌为该委员会召集人。当月，南湖诗社成立，受刘兆吉邀请，与朱自清一起被聘为指导老师。

7月7日，出席蒙自分校举行的七七事变一周年大会。23日，西南联大文学院课程结束；25日，回到昆明，租

---

① 北京大学等编：《国立西南联合大学史料》卷2《会议记录卷》，云南教育出版社1998年版，第51页。

② 北京大学等编：《国立西南联合大学史料》卷2《会议记录卷》，云南教育出版社1998年版，第52页。

住福寿巷姚宅。8月7日，云南省教育厅和西南联大合办云南中学师范教员暑期讲习讨论会，被聘为导师，并与罗常培、汪懋祖、朱自清、魏建功、闻在宥、罗志英共同负责语文组国文科教材教法讨论。① 当月，应吴泽霖邀请，赴贵州暑假中等学校教员讲习会授课。月底，携眷与闻家驷一家抵达昆明，入住福寿巷。9月28日，日机首次轰炸昆明，西南联大教职员宿舍被炸，闻一多头破血流。10月6日，经西南联大常务委员会第八十九次会议决定，与冯友兰、朱自清、罗常培、罗庸被聘为编制联大校歌校训委员会委员，冯友兰为该委员会主席；30日，出席校训校歌委员会会议，讨论罗庸写的歌词与曲谱。12月1日，西南联大新学期开始上课，闻一多讲授"楚辞""尔雅"两门课程，各四个学分。

1939年1月4日，出席茅盾在西南联大的演讲会。13日，与朱自清商谈大一学生课外读物。2月18日，出席指导《祖国》话剧演出。26日，《宣传与艺术》发表于昆明《益世报》"星期评论"专栏。文章指出："回顾抗战以来我们宣传的工作实在难令人满意。我们所有的宣传似乎大部分还不离口号标语，文字的宣传固然是放大的口号标语，即音乐图书戏剧各部门亦何莫非变相

---

① 闻黎明、侯菊坤：《闻一多年谱长编》（上），上海交通大学出版社2014年版，第486页。

的口号标语？大致说来，从事这种工作的人似乎只顾宣泄自己的感情，而不知道如何将它传达给别人，所以结果只有宣（或竟是喧）而无传，于是多数的宣传品便成为大家压惊壮胆的咒语符箓，数量尽管多，内容却不必追究了。总之，我们的宣传品徒有形式而缺乏内容，其原因则在做宣传工作的人热情有余，技巧不足……这不只是抗战工作，同时也是建国工作。在筑铁路、设工厂的物质建国时，我们别忘了也要精神建国。让我们在抗战的宣传工作里，奠定建国大业中艺术生活、精神生活的基础。"① 3月5日，为刘兆吉《西南采风录》写序。13日，《璞堂杂记》刊于昆明《益世报》"读书"栏目第一、二、三期。5月11日，应云南大学文史研究会之请，演讲《从离骚谈到先秦思想》。6月1日，发表《歌与诗》于昆明《中央日报》副刊《平明》第十六期。14日，与朱自清、罗庸、魏建功被聘为云南省中等学校教授暑期讲习班讨论会讲师。17日，与朱自清、陈寅恪、刘文典、王力、浦江清被续聘为文学院中国文学系教授。7月16日，出席滇黔"绥靖公署"政训处国防剧社举行的欢迎曹禺茶会。25日，为文协昆明分会主办的暑期讲习班开讲座。10月10日，为《诗与散文》创刊号题

---

① 闻一多：《宣传与艺术》，昆明《益世报》1939年2月26日"星期评论"专栏。

写刊头。13 日，积极为前方战士捐助。12 月 23 日，与朱自清组织神话研究事宜。

1940 年 7 月 28 日，代理主持国立戏剧学校招生考试。8 月 10 日，应冬青文艺社之请演讲《旧与新》。16 日，出席教授会二十八年度第三次会议。12 月冬，被冬青社聘为指导导师。

是年，讲授"中国文学史分期研究（一）"课程；发表论文《乐府诗笺》（《国文月刊》1940 年第 1 卷第 3 期）。

1941 年 1 月 19 日，西南联大剧团举行"白云故乡"座谈会，与孙毓棠出席指导。9 月 9 日，出席老舍在西南联大的演讲，并作介绍词。9 月 18 日，经西南联大常务委员会第一九〇次会议决定，同意闻一多辞去文学院及师范学院国文学系代理主任职务。

是年，发表论文《乐府诗笺（续）》（《国文月刊》1941 年第 1 卷第 8 期）、《周易义证类纂》（《清华学报》1941 年第 13 卷第 2 期）、《宫体诗的自赎（唐诗杂论之一）》（《当代评论》1941 年第 1 卷第 10 期）、《怎样读九歌？》（《国文月刊》1941 年第 1 卷第 5 期）。

1942 年 5 月 6 日，于云南省地方行政干部训练团中讲《神话及中国文化》。5 月 21 日，出席教授会三十年度第三次会议。11月6日，文史学会举办文史学十四讲，分别请闻一多、汤用彤、朱自清、邵循正、郑天挺、冯文潜、罗庸、金岳霖、杨振声、冯至、袁家骅、陶云逵、罗常培等演讲。是日，闻一多首讲《伏羲的传说》。26日，出席教授会三十一年度第一次会议。本年度教授会书记推定由陈雪屏继续担任。12月1日，应中法大学文史学会之请演讲《神话与诗》。

是年，发表论文《乐府诗笺：艳歌行》（《国文月刊》1942年第13期）、《乐府诗笺（续）：始生、枯鱼过河泣、豫章行、艳歌行、咄唶歌》（《国文月刊》1942年第16期）、《乐府诗笺：饮马长城窟行》（《国文月刊》1942年第13期）、《从人首蛇身像谈到龙与图腾》（《人文科学学报》1942年第1卷第2期）、《乐府诗笺：羽林郎》（《国文月刊》1942年第13期）。《楚辞校补》一书由国民图书出版社出版。

1943年5月19日，出席教授会三十一年度第二次会议。10月23日，与冯友兰、杨振声等教授参加云南省美术展览筹备会。11月23日，中法大学法文系举办"诗的九讲"系统讲演，与陈嘉、闻家驷、莫泮芹、杨业治、林文铮、冯至、吴达元等教授受邀演讲。

是年，发表论文《狼跋篇》（《时与潮文艺》1943年第2卷第3期）、《诗经通义（召南）》（《中山文化季刊》1943 年第 1 卷第 3 期）、《庄子内篇校释》（《学术季刊：文哲号》1943 年第 1 卷第 3 期）、《文学的历史动向》（《当代评论》1943 年第 4 卷第 1 期）、《"七十二"》（《国文月刊》1943 年第 22 期）、《时代的鼓手：读田闻的诗》（《生活导报》1943 年 11 月）、《荣苡篇》（《世界学生》1943 年第 2 卷第 5 期）。

1944 年 2 月 16 日，应史学会之请演讲《舞与诗》。5 月 5 日，应云南大学文史学会之请主讲《庄子的思想背景》。8 日，与罗常培主办西南联大"五四"文艺晚会，确定主讲教师及讲题。同日，与罗常培主持文艺壁报"五四"文艺座谈会，并与罗常培在西南联大文艺晚会上担任主讲。24 日，壁报协会在昆北食堂举行"言论自由座谈会"，与周炳琳、张奚若、曾昭抡、潘光旦、钱端升、罗莘田（即罗常培）、燕树棠、王赣恩、雷海宗、李树青、吴之椿等十三位教授出席指导。座谈要目如下：（一）什么是言论自由；（二）言论自由之重要性；（三）战时与言论自由；（四）我们是否需要言论自由。6 月 14 日，与罗庸、游国恩、李广田等教授出席文协昆明分会及各大学文艺团体联合举行的诗人节晚会。7 月 7 日，与潘光旦、杨西孟、邵循恪、潘大逵、蔡维藩、伍启元、沈有鼎、冯景兰、李树青、曾昭抡教授出席壁报协会等团体举行的"七七"时事座谈会。8 日，出席教授会三十二年度第二次会议。19 日，经常务委员会第三〇五次会议决定，闻一多暂行代理西南联大文学院及师范学院国文学系主任职务。8 月 18 日，与冯友兰、陈雪屏、杨西孟、华罗庚、刘崇鋐、邵循正、曾昭抡、马大猷、陆钦墀、吴晗等教授及服务队队员与邱清泉军长等举行座谈会，讨论"目前形势与中国反攻问题"。9 月 13 日，出席教授会三十三年度第一次会议，被推选为本会本届书记，并当选本届出席校务会议代表。17 日，与李广田教授分别当选中华全国文艺界抗敌协会昆明分会理事、候补理事。18 日，在东北问题讨论会上，鲍觉民、张印堂、袁复礼教授讲述东北资源述及东北地位之重要，吴晗教授从政治历史述说东北事变以来十三年中国政策及国际观念对东北认识之演变，闻一多则与周新民教授一起勉励同学担当历史任务，最后傅恩龄作总结。29 日，中文系国文学会发起募捐援助贫病作家运动，刻章义卖响应。10 月 9 日，与吴晗、伍启元、罗隆基应昆明学术界宪政研究会之请分别演讲《保卫大西南与动员民众》《中苏邦交与国共问题》《改善士兵待遇与加强经济力量》《改革政治方案》。12 日，出席校务会第七届第一次会议。19 日，与朱自清在文艺壁报社和云南大学联合主办的鲁迅纪念晚会上演讲。26

日，出席教授会三十三年度第二次会议。30日，出席校务会第七届第二次会议。31日，与周炳琳、陈雪屏、陈岱孙、潘光旦、杨西孟、伍启元、金岳霖、燕树棠、王赣愚、费孝通、蔡维藩、雷海宗、吴晗、孙毓棠、崔书琴出席指导经济系一九四五级级会举行的盛大时事晚会并演讲。11月29日，与冯友兰、钱端升等二十余人举行宣传从军演讲会，呼吁学生从军。12月1日，出席校务会第七届第四次会议。5日，出席教授会三十三年度第三次会议。9日，与李广田应昆明市第一中华职业补习学校之请主讲文艺诸问题。12日，应西南联大文史学会之请讲《士大夫与中国社会》。13日，学生自治会举办总题为《一年来国内局势检讨》的时事座谈会，张奚若、曾昭抡、伍启元、李树青、吴晗分别讲《一年来之国内政治及其演变经过》《一年来之军事情形》《一年来之经济》，李树青讲《一年来之社会》《一年来之教育》，闻一多最后作总结。25日，张奚若、潘光旦、曾昭抡出席云南护国起义纪念二十九周年纪念大会，与吴晗分别发表《护国纪念之历史意义》《护国起义与民主政治》之演讲。当年秋，以个人身份加入中国民主同盟。同年，参加西南文化研究会，学习毛泽东《新民主主义论》等著作。

是年，发表论文《复古的空气》（《云南日报》

1944 年 2 月 20 日第 2 版）、《伟大的事实　不朽的意义——给教导团诸君——致敬》（《正义报》1944 年 6 月 4 日第 2 版）、《可怕的冷静》（《云南日报》1944 年 6 月 25 日第 2 版）、《关于儒·道·土匪》（昆明《中央日报》1944 年 7 月 20 日第 2 版）、《新诗的前途》（《天下文章》1944 年第 2 卷第 4 期）、《诗与批评》（《火之源》1944 年第 2/3 期）、《复古的空气》（《当代评论》1944 年第 4 卷第 10 期）、《乐府诗笺（续）：焦仲卿妻》（《国文月刊》1944 年第 25 期）。

1945 年 2 月 15 日，与查良钊、曾昭抡等随悠悠体育会组织的旅行团游览路南。3 月 12 日，与丁力等三百四十二人联名发表《昆明文化界关于挽救当前危局的主张》。4 月 6 日，与罗膺中、闻家驷、朱自清、冯至、李广田、卞之琳、浦江清应国文学会、外国语文学会之请，以"诗"为主题先后分别演讲。9 日，与李广田、闻家驷等出席新诗社举行的诗作展览及诗歌座谈会。20 日，应阳光美术会之请讲《为什么画，怎样画》。5 月 2 日，与朱自清等出席诗社举办的诗歌朗诵晚会。4 日，历史学会在新校舍举行座谈会，与雷海宗、潘光旦、吴晗、曾昭抡出席指导；与曾昭抡等为《大路》创刊号撰文。5 日，与罗庸、闻家驷在第一届"五四"文艺节纪念大会上分别演讲《五四以来中国文学史研究工作的发展》《艾青及田间》《艺术与人生》。9日，与刘崇鋐、杨西孟、邵循正、吴晗、周新民围绕欧洲战局和战后处理以及对远东战局的影响等问题发表意见。14日，与罗庸、游国恩、李广田、冯至在文协昆明分会及各大学团体联合举行的诗人节纪念晚会上，分别演讲、报告和朗诵。6月25日，与朱自清等出席昆明市文艺界举行的茅盾五十寿辰并创作活动二十五周年纪念会。7月17日，作为教授会书记出席教授会三十三年度第四次会议。8月1日，出席校务会第七届第十一会议。15日，学生自治会举行时事晚会，讨论“从胜利到和平”问题，与吴晗、罗隆基诸先生相继于《中国怎样走上和平的道路》题下发挥所见。9月8日，作为教授会书记出席教授会三十四年度第一次会议，并当选为本年度教授会会议代表。27日，与潘光旦、王赣愚、费孝通、吴晗、曾昭抡、张荦群、王康、袁方、杜才奇发起《自由论坛社举行社员大会启事》。10月3日，与张奚若、周炳琳、朱自清、李继侗、吴之椿、陈序经、陈岱孙、汤用彤、钱端升诸教授致电蒋介石、毛泽东陈述对时局意见四项主张。24日，经常务委员会第三百五十次会议决定，与冯友兰、雷海宗、姚从吾、罗庸为西南联大纪念册编辑委员会委员，冯友兰为该委员会主席。11月5日，应基督教青年会之请演讲《文学之欣赏》。29日，作为教授会书记出席教授会三十四年度第二次会议，并与冯友兰、张奚若、钱端升、周炳琳、朱自清、赵凤喈、燕树棠为抗议书起草委员，冯友兰为召集人。12月2日，作为教授会书记出席教授会三十四年度第三次会议。4日，作为教授会书记出席教授会三十四年度第四次会议。10日，作为教授会书记出席教授会三十四年度第五次会议。17日，作为教授会书记出席教授会三十四年度第六次会议。19日，作为教授会书记出席教授会三十四年度第七次会议。20日，作为教授会书记出席教授会三十四年度第八次会议。

是年，发表论文《新诗的前途》（《火之源》1945年第 5/6 期）、《一个白日梦》（《天风》1945年第 7期）、《屈原问题：敬质孙次舟先生》（《中原》1945年第 2 卷第 2 期）、《类书与诗》（《国文月刊》1945年第 37 期）、《诗经通义（周南）（附表）》（《图书季刊》1945年新 6 第 3~4 期）、《五四运动的历史法则》（《民主周刊（昆明）》1945年第 1 卷第 20 期）。

1946年 2 月 2 日，担任"庆祝政治协商会议成功、抗议重庆二一〇惨案、坚持严惩一二·一惨案祸首大会"主席。18日，参观冯法祀画展预展及参加座谈会。3月 26 日，与姚从吾、吴晗、汤用彤、雷海宗、浦江清、向达等发起筹募冯承钧家属补助金。4月 12 日，出席教授会三十四年度第十一次会议。5 月 3 日，闻家驷、李广田在云南大学至公堂文化晚会上分别演讲《诗歌朗诵法》《小说》，最后闻一多作总结。4 日，与李广田参加文协昆明分会座谈会。6 月 5 日，在中华全国文艺协会昆明分会举办的诗歌节郊游上发表对今后诗歌工作的方向的看法。7 月 15 日，与楚图南报告李公朴遇害经过，发表了《最后一次讲演》。同日，在西仓坡西南联大教员宿舍附近遇害。18 日，遗体在云大医院草坪火化。

是年，发表论文《诗与批评》（《诗与批评》1946 年第 1 期）、《民盟的性质与作风》（《民主周刊（昆明）》1946 年第 3 卷第 17 期）、《"一二·一"运动始末记》（《文萃》1946 年第 2 卷第 9 期）、《人民的诗人：屈原》（《诗歌月刊》1946 年第 3~4 期）、《致马歇尔特使书》（《民主周刊（昆明）》1946 年第 2 卷第 23 期）。

闻一多是伟大的爱国诗人、民主斗士。他为诗歌研究和发展作出了重要贡献；同时，作为民族斗士，为民主事业作了巨大的牺牲和贡献。他的红烛精神永垂不朽！

陈序经（1903~1967）

陈序经，字怀民，今海南省文昌市清澜镇人（原为广东省文昌市人），我国著名的思想家、教育家、历史学家、社会学家、民族学家。1903 年 9 月 1 日生，"出身微寒，家非士林"[①]。祖父陈运璋以渔耕为业，后遇海难身死。不久，父陈继美生，因早年丧父，陈继美自小饱尝辛苦；三十岁在新加坡经商，家境开始好转。序经从小与母亲生活在乡间，1907 年进入私塾读书，1910 年随父至新加坡读书，1912 年就读于文昌汪洋致远小学、文昌县模范小学，1913 年随父赴新加坡，入华侨育英学校就读，1917 年以优异成绩毕业。1919 年入成立不久的华侨中学，其父不愿序经长期受殖民教育，遂于年底遣其回到广州，1920 年入岭南中学，被

[①] 陈序经：《孔夫子与孙先生——旅欧杂感之一》，《岭南学报》1930 年第 1 卷第 2 期。

选为该级《全社》刊物主编，并兼任该中学学生刊物编辑。[①]1922 年 4 月，未毕业即自动退学，旋即以同等学力考入上海沪江大学，主修生物。因该校为教会大学，需毕业时入基督教，序经不堪扰，断然放弃学业，转入复旦大学学习社会学。1925 年从复旦大学提前毕业。同年 8 月，在其父支持下，自费远渡美国求学，入美国伊利诺斯大学研究院主修政治学兼及社会学，翌年获硕士学位，接着于 1927 年获博士学位。博士论文题目是"Recent Theories of Sover-eignty"（《现代主权论》，1929 年出版了英文版）。1928 年学成归国，受岭南大学校长钟荣光之聘，为该校社会学系副教授。

1929 年夏，在其父支持下，携新婚妻子黄素芬远赴德国留学，入柏林大学主修政治学、主权学及社会学。1930 年至 1931 年入基尔大学世界经济研究院学系深造，其间，掌握了英、德、法、拉丁语四门外语。后因父病重，遂于 1931 年归国，放弃了留学英法之计划。留德期间，写成《东西文化观》一文，发表于《社会学》期刊上，"全盘西化"思想发端于此，其后一发不可收拾。

1932 年，复入岭南大学社会学系任教，讲授"西

---

① 刘集林：《陈序经文化思想研究》，天津人民出版社 2003 年版，第 2 页。

洋政治思想史""中国文化问题""东南亚古史"等课程。1934年8月，应南开大学之聘，任经济研究所教授，讲授"社会学""乡村社会学"等课程。1935年，参与文化论战。

1937年，七七事变爆发，南开大学遭到日机的轰炸，旋与北京大学、清华大学南迁长沙，合组国立长沙临时大学。陈序经与黄钰生、杨石先参与国立长沙临时大学筹备活动，并是"临时大学的同人中的第一位到长沙的"①。10月19日，经常务委员会第十三次会议决定，其与朱自清、杨武之、施嘉炀、吴俊升等被推定为贷金委员会委员，由朱自清负责召集。11月1日，长沙临时大学正式上课，陈序经在临大文学院历史社会学系讲授"社会学通论"。1937年12月13日，南京沦陷，武汉告急，长沙危急，临大决定西迁昆明。

本年度，发表论文《社会学的起源》（《政治经济学报》1937第5卷第3期）、《关于"乡村建设运动的将来"》（《独立评论》1937年第231期）、《进步的暹罗》（《独立评论》1937年第235期）、《乡村建设运动的史略与模式》（《大公报（天津版）》1937年4月14日第11版）、《乡村建设的组织与方法的商榷》

---

① 《南北文化观》跋，参见杨深编：《走出东方：陈序经文化论著辑要》，中国广播电视出版社1995年版，第468页。

（《大公报（天津版）》1937年4月14日第21版）。

1938年1月19日，经第四十二次常务委员会决议，决定国立长沙临时大学西迁昆明。4月2日，国立长沙临时大学更名为国立西南联合大学。19日，经常务委员会第五十八次会议决定，陈序经为法商学院院长，并与周炳琳、潘光旦、饶毓泰、施嘉炀、庄前鼎、吴有训等被推为建筑设计委员会委员。28日，湘黔滇旅行团抵达昆明，西迁工作结束。陈序经由香港经海防通过滇越铁路至昆明。5月初，由昆明到蒙自，住在哥胪士洋行。蒙自分校5月5日开学。陈序经在蒙自分校法商学院历史社会学系讲授"社会学通论""主权论"课程。10日，经第六十四次常务委员会会议决议，与樊际昌、赵逎抟、陈岱孙、叶公超、朱自清、姚从吾、闻一多等被推定为蒙自方面文法两院战区学生救济及寒苦学生贷金委员会委员，樊际昌为召集人。[1]6月10日，经第七十一次常务委员会会议决定，为本届招考委员会委员。14日，经第七十二次常务委员会会议决议，通过了由陈序经等提交的蒙自方面文法两院战区学生救济及寒苦学生贷金委员会建议案及准许给予救济金及贷金学生名单。7月20日，出席法商学院毕业生欢送大会。8月30日，经常务

---

[1]　陈序经：《孔夫子与孙先生——旅欧杂感之一》，《岭南学报》1930年第1卷2期。

委员会会议第八十六次会议决定，与黄钰生、樊际昌、沈履、冯友兰、吴有训等被聘为校舍委员会委员，黄钰生为主席。10 月 18 日，经常务委员会第九十一次会议决定，与陈达、陈岱孙、孙云铸、李继侗、汤佩松、施嘉炀代表西南联大参加西南经济调查合作委员会，陈岱孙为召集人。26 日，出席常务委员会第九十二次会议，"修正通过本大学校务会议组织大纲和教授会组织大纲"。11 月 8 日，出席常务委员会第九十三次会议，与杨石先、饶毓泰、冯友兰、吴有训等被聘为校图书设计委员会委员，陈岱孙为召集人；与黄钰生、冯友兰、施嘉炀等被聘为校建筑设计委员会委员，黄钰生为召集人。16 日，因事赴港，法商学院院务由陈岱孙代理。12 月 6 日，出席常务委员会第九十六次会议，并与冯友兰、吴有训、施嘉炀、黄钰生诸先生被聘为校务会议司选委员，冯友兰为召集人。21 日，出席常务委员会第九十八次会议。27 日，出席常务委员会第九十九次会议。

是年，发表论文《暹罗华化考》（《东方杂志》1938 年第 35 卷第 20 期）、《暹罗华化考（待续）》（《东方杂志》1938 年第 35 卷第 21 期）、《研究西南文化的需要》（《新动向》1938 年第 1 卷第 2 期）、《国难与教育》（《大公报汉口版》1938 年 2 月 20 日第 2 版）。本年度，在昆明文学院历史社会学系讲授"社会学原理”课程。

1939 年 1 月 10 日，出席常务委员会第一〇〇次会议。17 日，出席校务会第一次会议。24 日，出席常务委员会第一〇一次会议。31 日，出席常务委员会第一〇二次会议，"推派查良钊先生前往参加中央新设之党政干部训练班"[①]等。2 月 7 日，出席校务会第二次会议。14 日，出席常务委员会第一〇三次会议，决定本会例会会期，此后改为每星期二午后准四时举行。3 月 14 日，出席常务委员会第一〇四次会议。25 日，出席常务委员会第一〇五次会议及南开校友欢迎张伯苓会。4 月 4 日，出席校务会第三次会议。11 日，出席常务委员会第一〇六次会议，决定聘请孙毓棠为师范学院史地系教员，负责主持史地教材研究事宜。25 日，出席常务委员会第一〇七次会议。5 月 9 日，出席常务委员会第一〇八次会议。13 日，出席教授会二十七年度第一次会议。16 日，出席校务会第四次会议。30 日，出席常务委员会第一〇九次会议，通过二十八年度岁出预算草案修正。6 月 3 日，当选昆明学术界联谊会候补理事。6 日，出席校务会第五次会议。13 日，出席常务委员会第一一〇次会议，通过校舍委员会常务委员会所拟关于暑假中房舍调度办法。

---

① 北京大学等编：《国立西南联合大学史料》卷 2《会议记录卷》，云南教育出版社 1998 年版，第 85 页。

27 日，出席常务委员会第一一一次会议，聘请沈从文为师范学院国文学系副教授。7 月 25 日，出席常务委员会第一一四次会议，改聘徐维嵘为经济学系副教授。8 月 1 日，出席常务委员会第一一五次会议。22 日，出席常务委员会第一一七次会议，通过廿八年度训导处工作大纲修正。9 月 5 日，出席常务委员会第一一八次会议，通过本校教员向中央研究院历史语言研究所阅读及借用图书办法。[①]12 日，出席常务委员会第一一九次会议，通过本校校舍委员会建议关于本学期本校校舍分配及调度办法。[②]19 日，出席常务委员会第一二〇次会议，通过二十八年度清华大学让拨本校美金办法。26 日，出席常务委员会第一二一次会议，"推定蒋梦麟、黄钰生、查良钊、杨石先诸先生，为本大学与云南省教育厅合办之云南中等学校在职教员进修班委员会本校方面委员"[③]。10 月 3 日，出席常务委员会第一二二次会议，通过西南联大行政研究室规程的修正。13 日，出席教授会二十八年度第一次会议。是日，四女儿云仙出生。17 日，出席

---

①　北京大学等编：《国立西南联合大学史料》卷 2《会议记录卷》，云南教育出版社 1998 年版，第 105 页。

②　北京大学等编：《国立西南联合大学史料》卷 2《会议记录卷》，云南教育出版社 1998 年版，第 106 页。

③　北京大学等编：《国立西南联合大学史料》卷 2《会议记录卷》，云南教育出版社 1998 年版，第 109 页。

陈序经

常务委员会第一二三次会议，通过校务会议组织大纲第二条修正，并与陈岱孙、樊际昌、冯友兰等被聘为图书设计委员会委员，陈岱孙为召集人。24日，出席常务委员会第一二四次会议，决定"本校同人本年度捐助前方将士寒衣办法，应仍照去年中央常会决定党政机关工作人员扣薪捐助前方将士寒衣办法办理"①。31日，出席常务委员会第一二五次会议。11月7日，出席校务会第二届第一次会议。14日，出席常务委员会第一二六次会议，修正通过联大校工警米贴办法。21日，出席常务委员会第一二七次会议，聘陶云逵为历史社会学系讲师。28日，出席常务委员会第一二八次会议，准照训导处所拟联大廿八年学生生活指导委员会委员名单通过。②11月30日，出席常务委员会第一二九次会议。12月5日，出席常务委员会第一三〇次会议，修正通过联大廿九年度岁出经常费预算草案。12日，出席校务会第二届第二次会议。19日，参加常务委员会第一三一次会议。

本年度，在文学院历史社会学系讲授"社会学原理""文化学"课程。研究报告《顺德缫丝工业调查报告》在昆明出版。发表论文《乡村建设运动平议

① 北京大学等主编：《国立西南联合大学史料》卷2《会议记录卷》，云南教育出版社1998年版，第114页。

② 北京大学等主编：《国立西南联合大学史料》卷2《会议记录卷》，云南教育出版社1998年版，第119页。

（三）》（《农村建设（贵阳）》1939 年第 1 卷第 4 期）、《暹罗与汰族》（《今日评论》1939 年第 2 卷第 1 期）、《暹罗与日本》（《今日评论》1939 年第 2 卷第 17 期）、《广东与中国》（《东方杂志》1939 年第 36 卷第 2 期）、《暹罗与华侨》（《新动向》1939 年第 3 卷第 4 期）、《写在欢迎华侨之后》（《云南民国日报》1939 年 5 月 21 日第 2 版）、《云南与华侨》（《云南民国日报》1939 年 9 月 24 日第 2 版）、《中国与南洋》（《云南日报》1939 年 10 月 8 日第 2 版）。

1940 年 1 月 9 日，参加常务委员会第一三二次会议，聘请郑天挺为总务长。2 月 14 日，出席常务委员会第一三六次会议。3 月 19 日，参加常务委员会第一三八次会议。26 日，出席常务委员会第一三九次会议，改定联大练习生、书记、助理起薪标准。4 月 11 日，应师范学院教育系之请演讲《百年来国人对于西化态度之变化》。17 日，出席常务委员会一四〇次会议。30 日，出席常务委员会第一四一次会议。5 月 7 日，出席校务会第二届第四次会议。14 日，出席常务委员会第一四二次会议，规定联大各学系印用讲义，应请仍以仅印各科大纲为限。21 日，参加常务委员会第一四三次会议，就调整联大同人薪俸事宜，请梅贻琦、郑天挺、黄钰生三先生会同洽商办法。^① 28 日，应社会学会之请演讲《文化学》。出席常务委员会第一四四次会议，议定联大下学年招收一年级新生，以五百名为限。6 月 11 日，出席常务委员会第一四五次会议，通过联大二十九年度校历。18 日，出席常务委员会第一四六次会议，"关于本大学防控事宜，应由训导、教务、总务等各处组洽商进行"^②。26 日，出席常务委员会第一四七次会议。7 月 10 日，出席常务委员会第一四八次会议。8 月 21 日，出席常务委员会第一五二次会议。28 日，出席常务委员会第一五三次会议，"推定叶企孙、周炳琳、杨石先赴川勘察校舍，以备本校迁川之用"^③。9 月 9 日，出席常务委员会第一五四次会议，"应设立迁校委员会，筹划本校此次迁移事宜，委员人选由常务委员指定聘请"^④。11 日，参加常务委员会第一五五次会议，与郑天挺、查良钊、吴有训等被聘为迁校委员会委员，并被聘为该委员会主席；会议决定法商学院暂不迁往澄江，应立即在

---

① 北京大学等主编：《国立西南联合大学史料》卷 2《会议记录卷》，云南教育出版社 1998 年版，第 136 页。

② 北京大学等主编：《国立西南联合大学史料》卷 2《会议记录卷》，云南教育出版社 1998 年版，第 139 页。

③ 北京大学等主编：《国立西南联合大学史料》卷 2《会议记录卷》，云南教育出版社 1998 年版，第 148 页。

④ 北京大学等主编：《国立西南联合大学史料》卷 2《会议记录卷》，云南教育出版社 1998 年版，第 150 页。

川西、川南一带选择校址。10月30日，出席常务委员会第一五九次会议。11月2日，出席常务委员会第一六〇次会议；3日，出席校务会第三届第二次会议；13日，出席常务委员会第一六一次会议，议定应即刻在四川叙永设立分校；20日，出席常务委员会第一六二次会议，议定聘请李继侗为先修班主任、叙永分校校务委员会委员；26日，参加联大社会学会讨论会；27日，参加常务委员会第一六三次会议，报告"迁校委员会向各运输公司接洽车辆，并筹划运输情形"[①]。12月1日，出席商学系教授丁佶追悼会，并报告"丁佶奖学金"筹划经过；4日，出席常务委员会第一六四次会议；11日，出席校务会第三届第二次会议；18日，出席常务委员会第一六五次会议，决定设立《西南联合大学一览》编辑委员会。

本年度，在文学院历史社会学系讲授"社会学原理""文化学"课程。发表论文《暹罗的人口与华侨》（《新经济》1940年第3卷第4期）、《暹罗与英法：暹罗地图》（《时事月报》1940年第22卷第2期）、《暹化与华侨》（《今日评论》1940年第3卷第2期）、《暹罗与日本》（《改进》1940年第2卷第9

---

① 北京大学等主编：《国立西南联合大学史料》卷2《会议记录卷》，云南教育出版社1998年版，第160页。

期）、《越南与日本》（《今日评论》1940 年第 4 卷第 11 期）、《悼丁佶先生》（《今日评论》1940 年第 4 卷第 22 期）、《暹罗的汰族主义与暹化华侨》（《外交研究》1940 年第 2 卷第 2 期）、《新中国的诞生——为"七七"纪念而作》（《云南日报》1940 年 7 月 8 日第 2 版）、《论泰越的关系》（《云南日报》1940 年 9 月 15 日第 2 版）、《泰越冲突与泰国危机》（昆明《中央日报》1940 年 12 月 15 日第 2 版）。

1941 年 1 月 8 日，出席常务委员会第一六六次会议，决议"教职员、学生因空袭受伤，所需治疗费用，教职员由学校设法补助，学生应就学生空袭救济金中拨付"[①]。22 日，出席常务委员会第一六八次会议。3 月 19 日，出席常务委员会第一七一次会议，决定"关于本校迟到校之新聘教职员起薪办法，请郑天挺、樊际昌、陈序经参照三校原有办法拟定后附会讨论"；26 日，出席校务会第三届第三次会议。[②] 4 月 19 日，出席常务委员会第一七三次会议；16 日，出席常务委员会第一七四次会议；23 日，参加常务委员会第一七五次会议，通过三十年度经费预算。5 月 7 日，出席校务会第三届第四

---

① 北京大学等编：《国立西南联合大学史料》卷 2《会议记录卷》，云南教育出版社 1998 年版，第 164 页。

② 北京大学等编：《国立西南联合大学史料》卷 2《会议记录卷》，云南教育出版社 1998 年版，第 170 页。

次会议；12 日，出席常务委员会第一七六次会议，决定在梨园村觅地建设理学院宿舍；15 日，应教育系之请演讲《当前中国文化与教育》；21 日，出席常务委员会第一七七次会议，决定文学院社会学系改隶法商学院；28 日，出席常务委员会第一七八次会议，与冯友兰、黄钰生拟定挖防空洞补助办法。6 月 4 日，出席常务委员会第一七九次会议；18 日，出席常务委员会第一八〇次会议；25 日，出席常务委员会第一八一次会议，修正通过附设电讯专修科组织大纲草案。7 月 2 日，出席常务委员会第一八二次会议；4 日，出席校务会第三届第五次会议；16 日，出席常务委员会第一八三次会议，通过三十年度校历。8 月 6 日，经常务委员会一八四次会议决定，陈序经的请假获准，法商学院院长职务由陈岱孙暂代。11 月 5 日，出席常务委员会第一九六次会议，与冯友兰、吴有训、施嘉炀等被聘为聘任委员会委员；与郑天挺、伍启元等被聘为西南联大同人消费合作社筹备委员会委员，并被聘为该委员会主席。13 日，出席常务委员会第一九七次会议并校务会第四届第一次会议。19 日，出席常务委员会第一九八次会议。26 日，出席常务委员会第一九九次会议。12 月 3 日，出席常务委员会第二〇〇次会议，会议通过各学系图书馆借书规则；出席教授会三十年度第二次会议。10 日，出席常务委员会第二〇一次会议。18日，出席常务委员会第二〇二次会议。是年，国民党通令西南联大各院院长必须加入国民党，陈序经拒不服从。

本年度，在法商学院社会学系讲授"社会学原理""华侨问题"课程。著作《暹罗与中国》由商务印书馆出版。发表论文《抗战时期的西化问题》（《今日评论》1941年第5卷第3期）、《广东与中国》（《民族文化》1941年第2期）。

1942年1月7日，出席常务委员会第二〇三次会议，会议修正通过本大学教职员膳团津助办法和教职员宿舍征收租金办法；14日，出席常务委员会第二〇四次会议，"修正通过聘任委员会所拟'教师薪俸等级'五条"[①]；28日，出席常务委员会第二〇五次会议，修正通过图书馆收购旧书办法；31日，赴重庆办事。2月11日，经常务委员会第二〇六次会议讨论，同意其请假，法商学院院务由张奚若代理，消费合作社筹备委员会主席职务由郑天挺暂行代理。3月18日，出席常务委员会第二〇九次会议；25日，出席常务委员会第二一〇次会议，决定"电讯专修科为增加该科学生实地实习机会并为社会服务起见，请准附设'无线电机修造部'，应准

① 北京大学等编：《西南联合大学史料》卷2《会议记录卷》，云南教育出版社1998年版，第216页。

暂行试办。所有该修造部组织简章及详细办法，并应由该科拟定后送本会议核议"①。4月1日，出席常务委员会第二一一次会议；15日，出席常务委员会第二一二次会议；19日，被推选为法商学院体育会长；22日，出席常务委员会第二一三次会议，规定每星期一上午十时半起举行国父纪念周，自下月起施行；29日，决定五月举行春季运动会。5月6日，出席常务委员会，通过了三十一年度校历；20日，出席常务委员会第二一六次会议；27日，出席常务委员会第二一七次会议，决定教师待遇规程应参照部章修订。6月3日，出席常务委员会第二一八次会议；9日，出席常务委员会第二一九次会议；17日，出席常务委员会第二二〇次会议；24日，出席常务委员会第二二一次会议，"关于本大学附校整理计划，应依照黄钰生先生所拟原则通过"②。7月1日，出席常务委员会第二二二次会议；3日，出席校务会第四届第四次会议。9月30日，出席常务委员会第二三四次会议。10月7日，出席常务委员会第二三五次会议；14日，出席常务委员会第二三六次会议；21日，出席常务委员会第二三七次会议，修正通过营缮工程及购置

① 北京大学等编：《国立西南联合大学史料》卷2《会议记录卷》，云南教育出版社1998年版，第225页。

② 北京大学等编：《国立西南联合大学史料》卷2《会议记录卷》，云南教育出版社1998年版，第236页。

陈序经

财物委员会暂行简则；28 日，出席常务委员会第二三八次会议。11 月 4 日，出席常务委员会第二三九次会议；13 日，出席常务委员会第二四〇次会议；18 日，出席常务委员会第二四一次会议，与霍秉权等被请负责教职员消费合作社事宜；25 日，出席常务委员会第二四二次会议。12 月 2 日，出席常务委员会第二四三次会议；16 日，出席常务委员会第二四四次会议，推定金岳霖赴美讲学；30 日，出席常务委员会第二四五次会议。

本年度，在法商学院社会学系讲授"社会学原理""文化学""华侨问题"课程。发表论文《师范学院的存废问题》（《当代评论》1942 年第 2 卷第 2 期）、《南洋与青年》（《民族与国家》1942 年创刊号）、《中国妇女运动过去与将来》（《妇女新运》1942 年第 4 卷第 2 期）、《宗教与中国》（《云南日报》1943 年 10 月 24 日第 2 版）、《乡村建设的途径》（《正义报》1943 年 10 月 31 日第 2 版）。是年秋，完成二百余万字、二十册的"文化论丛"。[①]

1943 年 2 月 1 日，与陈达、吴泽霖、李景汉等教授出席中国社会学社年会昆明分会；13 日，出席常务委员会第二四六次会议；28 日，出席常务委员会第二四七次

---

① 田彤编：《中国近代思想家文库·陈序经卷》，中国人民大学出版社 2015 年版，第 552 页。

会议。2月10日，出席常务委员会第二四八次会议。3月4日，出席常务委员会第二五〇次会议；11日，出席常务委员会第二五一次会议；18日，出席常务委员会第二五二次会议，通过三十二年度预算草案；24日，出席常务委员会第二五三次会议。4月7日，出席常务委员会第二五四次会议及校务会议第五届第一次会议；14日，出席常务委员会第二五五次会议；21日，出席常务委员会第二五六次会议；28日，出席常务委员会第二五七次会议。5月5日，出席常务委员会第二五八次会议；12日，出席常务委员会第二五九次会议；19日，出席常务委员会第二六〇次会议及教授会三十一年度第二次会议；26日，出席常务委员会第二六一次会议。6月2日，出席常务委员会第二六二次会议；17日，经常务委员会第二六四次会议决定，陈序经离校期间，法商学院院长职务由陈岱孙暂行代理。9月15日，出席常务委员会第二七三次会议，修正通过党义施教方案。22日，出席常务委员会第二七四次会议，加聘其与李继侗、陈岱孙、许浈阳、郑天挺、杨西孟为教职员消费合作社委员会委员；出席常务委员会第二七五次会议。10月13日，出席常务委员会第二七六次会议；20日，出席常务委员会第二七七次会议；27日，出席常务委员会第二七八次会议。11月3日，出席常务委员会第二七九次会议；

10 日，出席常务委员会第二八〇次会议，规定本校学生应征充任译员管理办法；17 日，出席教授会三十二年度第一次会议；24 日，出席常务委员会第二八一次会议。12 月 8 日，出席常务委员会第二八二次会议，通过本年度各级职员救济金办法；13 日，与潘光旦、吴晗、蔡维藩等教授参加《云南民国日报》举行之文化座谈会；15 日，出席常务委员会第二八三次会议，修正通过教职员临时借款办法八条；16 日，应基督教青年会之请讲演《中国近代维新思想的发展》；22 日，出席校务会议第六届第一次会议；29 日，出席校务会议第六届第二次会议。

本年度，在法商学院社会学系讲授"社会学原理""华侨问题"课程。发表论文《乡村建设的途径》（《当代评论》1943 年第 4 卷第 2 期）、《五四文化运动的评估》（《自由论坛（昆明）》1943 年第 1 卷第 4 期）、《论中暹的关系》（《扫荡报（昆明）》1943 年 11 月 3 日第 3 版）。

1944 年 1 月 5 日，出席常务委员会第二八四次会议，通过奖学金各项办法及规程；12 日，出席常务委员会第二八五次会议。3 月 8 日，出席常务委员会第二九一次会议，修正通过三十三年度经常费预算分配表；14 日，出席校务会第六届第四次会议；15 日，出席常务委员会第二九二次会议；22 日，出席常务委员会第二九三次会议。4 月 5 日，出席常务委员会第二九四次会议；12日，出席常务委员会第二九五次会议，修正通过柴炭节省办法五项；19 日，出席常务委员会第二九六次会议；26 日，出席常务委员会第二九七次会议。5 月 3 日，出席校务会第六届第六次会议；10 日，经常务委员会第二九八次会议决定，因陈序经因事赴渝，准其一个月假，法商学院院长职务由陈岱孙暂行代理。6 月 24 日，应美国国务院之请去美演讲与研究一年，离开重庆，居印度一个星期。[1]7 月 4 日，到达美国纽约；18 日，应美国国务院之聘于密尔学院讲授"中国文化"课程。8 月9 日，经常务委员会第三〇七次会议决定，因陈序经奉派赴美，准其辞去法商学院院长职务。居美期间，曾演讲中美关系、国共合作、主权论；会晤爱因斯坦；对纽约、克利夫兰、芝加哥、欧班那、圣路易斯、洛杉矶、旧金山、西雅图、华盛顿等进行考察。[2]

本年度，在法商学院社会学系讲授"社会原理""华侨问题""文化学"课程。发表论文《维新运动的历史义意》（《自由论坛（昆明）》1944 年第 2 卷

---

① 田彤编：《中国近代思想家文库·陈序经卷》，中国人民大学出版社 2015 年版，第 553 页。

② 田彤编：《中国近代思想家文库·陈序经卷》，中国人民大学出版社 2015 年版，第 553 页。

第 4 期）、《乡村建设的途径》（《中农月刊》1944 年第 5 卷第 3 期）、《借镜与反省——十月十七日在旧金山》（重庆《大公报》1944 年 11 月 2 日）、《论战后南洋华侨的经济问题》（《正义报》1944 年 1 月 16 日第 2 版）。

1945 年 1 月，出席在美国召开的太平洋国际学会会议，发表《南洋与中国》论文。2 月 17 日，小女儿渝仙在重庆出生。10 月 3 日，与张奚若、周炳琳、朱自清、李继侗、吴之椿、陈岱孙、汤用彤、闻一多、钱端升诸教授致电蒋介石、毛泽东陈述对时局意见四项主张；19 日，在联大昆北食堂演讲《战后的中国与南洋》；24 日，代张伯苓出席常务委员会第三五〇次会议，决定三十四学年度学校历应照改订；31 日，代张伯苓出席常务委员会第三五一次会议。11 月 7 日，代张伯苓出席常务委员会第三五二次会议；14 日，代张伯苓出席常务委员会第三五三次会议，讨论学生申请公费及审核办法；21 日，代张伯苓出席常务委员会第三五四次会议，改大学纪念册为大学校志，并改为学校校志编辑委员会；26 日，代张伯苓出席校务会第八届第三次会议；28 日，代张伯苓出席常务委员会第三五五次会议及出席校务会第八届第四次会议。12 月 1 日，代张伯苓出席校务会第八届第五次会议；2 日，出席教授会三十四年度第三次

会议；3 日，代张伯苓出席校务会第八届第六次会议；5
日，代张伯苓出席常务委员会第三五六次会议；6 日，代
张伯苓出席校务会第八届第七次会议；11 日，代张伯苓
出席常务委员会第三五七次会议；13 日，代张伯苓出席
校务会第八届第八次会议；17 日，出席教授会三十四
年度第六次会议；20 日，出席教授会第三十四年度第
八次会议。

本年度，发表论文《游美杂记之二》（《时代评论
（昆明）》1945 年第 8 期）、《我们岂能再容忍暹罗》
（《大公报》1945 年 10 月 15 日）。

1946 年 2 月 6 日，代张伯苓出席常务委员会第
三六三次会议，决定本年 4 月中旬在昆明举行招收一年
级学生入学考试一次。13 日，出席常务委员会第三六四
次会议；代张伯苓出席校务会第八届第八次会议。20
日，代张伯苓出席常务委员会第三六五次会议。24 日，
与西南联大一百一十多位教授一起发表对东北问题宣
言。27 日，出席常务委员会第三六六次会议。3 月 6
日，代张伯苓出席常务委员会第三六七次会议，决定学
生壁报管理办法应予重订公布并切实执行；13 日，代张
伯苓出席常务委员会第三六八次会议。4 月 3 日，代张伯
苓出席校务会第八届第九次会议；10 日，代张伯苓出席
常务委员会第三七一次会议；17 日，出席校务会第八届

第十次会议；24 日，代张伯苓出席常务委员会第三七二次会议。5 月 1 日，代张伯苓出席常务委员会第三七三次会议。5 月 4 日，西南联大宣告结束。

本年度，在法商学院社会学系讲授"文化论""华侨问题"课程。著作《疍民研究》由商务印书馆出版，《乡村建设运动》由大东书局出版。发表论文《论法国人在越南的尊严：越北杂感之一》（《南方杂志（广州）》1946 年第 1 卷第 1 期）、《南方与所谓固有文化》（《南方杂志（广州）》1946 年第 1 卷第 2 期）、《南方与西化经济的发展》（《南方杂志（广州）》1946 年第 1 卷第 3/4 期）、《论中越法的关系》（《东方杂志》1946 年第 42 卷第 16 期）、《我怎样研究文化学：跋"文化论丛"》（《社会学讯》1946 年第 3 期）、《政治经济上的琼崖》（《边政公论》1946 第 5 卷第 1 期）、《压迫重重的越南华侨》（天津《大公报》1946 年 5 月 12 日第 2 版）、《河内与海防的今昔》［《正义报》1946 年 4 月 19 日（增刊）］、《法军人入河内》（《正义报》1946 年 4 月 21 日第 2 版）、《海炀桥》［《正义报》1946 年 5 月 17 日（增刊）］、《中越的民族关系》［《正义报》1946 年 7 月 5 日（增刊）、1946 年 7 月 12 日（增刊）］、《日本败后的中越法的关系》（《正义报》1946 年 10 月 6 日第 2 版）、《法国灭亡越南的回顾》（《正义报》1946 年 10 月 27 日第 2 版）。

1946 年 8 月，南开大学复员天津，陈序经任教务长、经济学院院长及经济研究所主任，并一度代理政治学系主任，同时兼任聘任委员会、招考新生委员会、毕业成绩审查委员会、训育委员会委员，主持复校后的教学和研究工作，为政治学系和社会学系讲授"社会学"课程。

1948 年，张伯苓长考试院，南开大学校务委员会处理校务，陈序经为委员。[1] 8 月，陈序经任岭南大学校长，重组医学院，建立商学院，延揽陈寅恪等大师到岭南大学任教，动员留美的西南联大学生来任教，于是，岭南师资盛极一时。

新中国成立后，历任全国政协第二、三届委员，广东省政协第一、二、三届常委，致力于东南亚古史和少数民族史研究，取得丰硕成果。1952 年，院系调整，岭南大学并入中山大学，陈序经任合并筹委会副主任。1954 年任中山大学历史系主任，1956 年任副校长。1962 年，暨南大学复校，陈序经兼任校长。1964 年调任南开大学副校长。"文化大革命"期间，被冠以"反动学术

---

① 田彤编：《中国近代思想家文库·陈序经卷》，中国人民大学出版社 2015 年版，第 553 页。

权威""里通外国""美帝文化特务""国际间谍"等莫须有的罪名，被迫接受专案审查，不幸于 1967 年蒙冤逝世，终年 64 岁。"四人帮"被粉碎后，1979 年 3 月沉冤得雪，恢复名誉。

陈序经一生献身于祖国的高等教育事业和社会科学研究，学贯中西，著述等身，是我国现代学术史上大师级的名流学者。

潘光旦（1899~1967）

潘光旦，原名光亶，因"亶"字笔画较多，故取其下半，行之以光旦，又名保同，号仲昂，江苏宝山人（今上海宝山），我国著名的优生学家、民族学家、教育家，为一代宗师、一代硕儒。清光绪二十五年（1899）8月13日生。父名潘鸿鼎，字铸禹，光绪二十四年（1898）戊戌科二甲第十三名进士，曾任翰林院编修，宣统二年（1910）任资政院参议员，宣统三年（1911）殁。弟光迥。

1905年，入私塾读书。1913年，由江苏省政府咨送北京清华学校就读，至1922年毕业，读书期间经常参加学校的社团活动和年报、学报、周刊等编写工作。1915年，因跳高受伤致残，遂依靠双拐走路，但依然热爱体育运动。1919年5月4日，五四运动爆发，参加了罢课游行。1921年，曾携带同学捐款至河北唐县赈济旱灾。

1922 年留学美国，入达特茅斯大学学习生物学。1924 年以优异成绩毕业，获学士学位。旋于 1925 年入哥伦比亚大学研究院，专攻生物学、社会学、优生学，师从生物学权威达文波特（C.B.Davenport）。于 1926 年毕业，获硕士学位。其间，还先后到纽约州和马萨诸塞州等其他机构参加有关优生学、人类学、内分泌学、单细胞生物学的学习和研究工作，成绩优秀，获得认可。1925 年至 1926 年间，与清华校友闻一多、罗隆基等发起组织大江学会，并发行《大江季刊》，兼任学会理事，为季刊写稿。还曾兼任纽约中国留学生季刊（中文）总编辑、月报（英文）编辑，宣传科学、民族的救国理念。1925 年，参加中国学生在纽约悼念孙中山的活动，将《总理遗嘱》翻译成英文，并与人合作翻译《国民党第一次全国代表大会宣言》。

1926 年学成归国，至 1934 年，先后任吴淞政治大学教务长、东吴大学预科主任、光华大学文学院院长、吴淞中国公学社会科学院院长等，讲授"心理学""优生学""家庭问题""进化论""遗传学"等课程。1927 年，与胡适、闻一多、徐志摩等在上海筹设新月书店。先后主编《时事新报》副刊《学灯》和《书报春秋》《优生月刊》《华年周刊》。1928 年至 1934 年兼任

《中国评论周报》（英文）编辑。这些刊物多主张宣传科学、民主救国，也多讨论人口、劳工、家庭、妇女、优生等社会问题。其间，参与了平社、中国社会学社、太平洋国际学会等。1929 年，加入第三届"太平洋国际学会"中国代表团，出席在日本的会议。

1934 年秋，到清华大学执教，任社会学系教授，主要讲授"优生学""家庭问题"以及开设"人才论""西洋社会思想""中国儒学社会思想"等课程。1935 年至 1937 年兼任清华大学教务长。

1937 年，卢沟桥事变爆发，全面抗战开始。潘光旦被邀请参与庐山谈话，但未成行。在北平的清华大学不得不南迁长沙，与北京大学、南开大学合组国立长沙临时大学。9 月 28 日，几经周折，潘光旦来到长沙。9 月 18 日，长沙临时大学第二次常委会议，潘光旦与梅贻琦等一起被推定为课程委员会委员①、注册组主任。11 月 1 日，长沙临时大学开学。12 月 13 日，南京沦陷，武汉告急，长沙危急。于是，临大决定西迁昆明。

是年，著作《人文史观》（商务印书馆）出版，《民族卫生与民族特性》也由商务印书馆出版。发表论

———

① 清华大学校史研究室编：《清华大学史料选编》第 3 卷下《西南联合大学与清华大学 1937—1946》，清华大学出版社 1994 年版，第 23 页。

文《欧洲局势与思想背景》（《文摘》1937 年第 1 卷
第 1 期）、《青年的修学问题》（《月报》1937 年第 1
卷第 6 期）、《消极优生学的重要（上）》（《华年》
1937 年第 6 卷第 4 期）、《消极优生学的重要（下）》
（《华年》1937 年第 6 卷第 5 期）、《以色米的部落：
一个反优生的血统》（1937 年第 6 卷第 7 期）、《死
亡的原因与选择（上）》（《华年》1937 年第 6 卷第
9 期）、《死亡的原因与选择（下）》（《华年》1937
年第 6 卷第 12 期）、《死亡的原因与选择（下）（续
前期）》（《华年》（1937 年第 6 卷第 13 期）、《谈
婚姻的动机：现代婚姻问题讨论之一（未完）》（《华
年》1937 年第 6 卷第 16 期）、《谈婚姻的动机（续）：
现代婚姻问题讨论之一》（《华年》1937 年第 6 卷第
17 期）、《独身的路：现代婚姻讨论之二（未完）》
（《华年》1937 年第 6 卷第 17 期）、《独身的路（续
完）：现代婚姻讨论之二》（《华年》1937 年第 6 卷第
17 期）、《西班牙内乱的民族背景》（《华年》1937 年
第 6 卷第 10 期）、《西班牙内乱的民族背景（下）》
（《华年》1937 年第 6 卷第 11 期）、《二十八年来美国
加州优生绝育的经验》（《东方杂志》1937 年第 34 卷
第 22/23/24 期）、《理想的家庭》（《方舟》1937 年第
36 期）。

1938 年 1 月，被聘为国立长沙临时大学教务长，在文学院历史社会学系讲授"民族与优生"课程。7 日，经第三十九次常务委员会会议决议，国防服务介绍委员会及技术服务委员会组为国防工作介绍委员会，推定其与吴有训、黄钰生、顾毓琇、曾昭抡、杨石先、庄前鼎、施嘉炀等为委员。2 月，与庄前鼎、冯友兰、沈履游岳麓山。11 日，经常务委员会第五十二次会议决定，设立捐助寒苦学生委员会，并推定其与曾昭抡、黄钰生、姚从吾四先生为该会委员，负责筹划，由曾昭抡先生负责召集。[①] 4 月，国立长沙临时大学更名为国立西南联合大学。14 日，与梅贻琦、杨振声、沈履等经滇越铁路来到昆明。19 日，与周炳琳、饶毓泰、施嘉炀等被西南联大建筑设计委员会聘为委员。同日，第五十八次常务委员会会议决议，其与吴有训、施嘉炀办理司选昆明校务委员会教授代表。5 月，任西南联大教务长，与吴有训、施嘉炀、周炳琳等被聘为西南联大昆明本校区校务委员会委员。[②] 10 日，经第六十四次常务委员会会议讨论，与郑华炽、杨石先、曾昭抡、李继侗等被推定为本校昆明方面理工两院战区学生救济及寒苦学生贷金委员会委

① 北京大学等编：《国立西南联合大学史料》卷 2《会议记录卷》，云南教育出版社 1998 年版，第 42 页。

② 北京大学等编：《国立西南联合大学史料》卷 2《会议记录卷》卷 1《总览卷》，云南教育出版社 1998 年版，第 107 页。

潘光旦

员，并作为召集人。31 日，经第七十次常务委员会会议决定，与吴有训、施嘉炀被推为杨季豪先生纪念奖学金委员会委员，并作为召集人。7 月 22 日，经第八十一次常务委员会会议决定，与饶毓泰、吴有训、黄钰生、曾昭抡、杨石先、陈岱孙、赵迺抟被聘为本校膺白奖学金委员会委员。29 日，请假，教务长之职由樊际昌暂代。经西南联大第八十二次常务委员会会议决定，"准请假，教务长职务，请由樊际昌暂行代理"。

8 月，应云南省中学师范教员暑期讲习会之请，作学术演讲。10 月 18 日，经西南联大九十一次常务委员会会议批准，辞去教务长及注册组主任，樊际昌为教务长。商务印书馆为适应社会需要，设立函授学校，聘请潘光旦为授课教师。11 月 3 日，受青年会之请演讲《儿童性教育》。26 日，经第九十五次常务委员会会议决定，与马约翰、杨石先、赵迺抟、郑天挺、李继侗、曾昭抡等被聘为二十七年度学生指导委员会委员；与樊际昌、朱自清、杨石先等被聘为二十七年度战区学生救济及寒苦学生贷金委员会委员。12 月 3 日，被西南联大聘为生活指导委员、救贷委员。27 日，经第九十九次常务委员会会议报告，与汤用彤、罗常培、曾昭抡等被选为本届校务会候补当选人。

是年，发表文章《论大学设训育长》（《益世周报》1938 年第 16 期）。1937 至 1938 年度下学期，在蒙自分校文学院历史社会学系讲授"民族与优生""家庭问题""人才论"课程。

1939 年 1 月 14 日，与郑天挺、梅贻琦等在蒋梦麟家中议事；22 日，参加云南民族学研究会首次会员大会，被推举为名誉副会长。[①] 4 月 25 日，代梅贻琦出席第一〇七次常务委员会会议。5 月 1 日，云南大学组织"五四纪念周"，应邀演讲《五四青年节的意义》；13 日，出席二十七年度第一次教授会会议；18 日，应西南联大社会学系之请，演讲《演化论与现在几个重要问题》。6 月 2 日，与沈履、黄钰生、毕正宣赴玉溪参观省立昆华中学和玉溪中学，勉励学生自强不息。10 月 8 日，与冯友兰、朱自清、陈岱孙教授等任中国青年写作协会昆明分会筹备会指导委员；13 日，出席二十八年度第一次教授会会议，被公推为本届本会书记，并被选举为校务会议教授代表；24 日，来函向常务委员会报告本月 13 日教授会选举本届出席校务会议代表结果。11 月，开始翻译霭理士《性心理学》；7 日，代沈履出席第二届第一次校务会会议；14 日，代沈履出席第一二六次常务委员会会议；21 日，代沈履出席第一二七次常务委员会会议；

---

① 《云南民族学研究会昨召开首次会员大会》，昆明《益世报》1939 年 1 月 23 日第 4 版。

28 日，代沈履出席第一二八次常务委员会会议；30 日，代沈履出席第一二九次常务委员会会议。12 月 12 日，出席第二届第二次校务会会议。同年，反对大学设立训导长，认为把训育从教育里划出来，在理论上很有问题。

本年度在文学院历史社会学系讲授"优生学""家庭问题""西洋社会思想史"课程。是年，发表论文《抗战的民族意义》（《今日评论》1939 年第 1 卷第 2 期）、《遗传与政治（书评）》（《今日评论》1939 年第 1 卷第 5 期）、《学生自治与学生自治会》（《今日评论》1939 年第 1 卷第 7 期）、《妇女与儿童》（《今日评论》1939 年第 1 卷第 14 期）、《演化论与几个当代的问题》（《今日评论》1939 年第 1 卷第 21 期）、《抗战与选择》（1939 年第 2 卷第 3 期）、《读二十七年度统一招生报告》（《今日评论》1939 年第 2 卷第 9 期）、《两篇有关民族教化的文章》（《今日评论》1939 年第 2 卷第 12 期）、《关于妇女问题的讨论》（《今日评论》1939 年第 2 卷第 12 期）、《移民与抗战》（《云南日报》1939 年 2 月 26 日第 2 版）、《再论青年与社会思想（续）》（昆明《益世报》1939 年 10 月 22 日第 3 版）、《论大学设训导长》（昆明《益世报》1939 年 4 月 16 日第 2 版）、《演化论与当代几个问题》（《云南民国日报》1939 年 5 月 23 日第 4 版、

1939 年 5 月 24 日第 4 版）、《说同乡会》（昆明《益世报》1939 年 8 月 18 日第 2 版）、《论疏散人口》（昆明《益世报》1939 年 9 月 3 日第 2 版）、《再论青年与社会思想》（昆明《益世报》1939 年 10 月 22 日第 2 版）、《节约运动与民族》（《云南民国日报》1939 年 11 月 26 日第 2 版）。

1940 年，开始翻译《优生原理》。2 月 27 日，经常务委员会第一三七次会议决定，与郑天挺、查良钊、樊际昌、黄钰生等被推请为筹划组织本校同人食米消费合作社事宜，郑天挺为召集人。① 3 月 1 日，西南联大社会学学会召开第一次全体大会，与陈达教授出席演讲会；5 日，出席第二届第三次校务会会议；8 日，参加二十八年度第二次教授会会议。4 月 5 日，应西南联大社会学学会之请演讲《恋变心理与社会病理》。5 月 7 日，出席第二届第四次校务会会议，决定历史社会学系分为历史系和社会学系。8 月 16 日，参加二十八年度第三次教授会会议，议决本校学生必修体育课原定四年，自廿九年度起改定为二年；② 20 日，监考清华大学举行本年度留美公费生考试。9 月 22 日，出席清华大学校友祝贺梅贻琦

---

① 北京大学等编：《国立西南联合大学史料》卷 2《会议记录卷》，云南教育出版社 1998 年版，第 129 页。

② 北京大学等编：《国立西南联合大学史料》卷 2《会议记录卷》，云南教育出版社 1998 年版，第 525 页。

潘光旦

服务母校二十五周年茶会。10月11日，与周炳琳、陈岱孙等当选为西南联大第三届校务会议教授代表；16日，出席第三届第一次校务会会议；18日，因樊际昌由西南联大派往四川勘查校舍，暂代教务长，主持工作。11月20日，出席第一六二次常务委员会会议；26日，出席西南联大社会学学会迎新大会，并参与商讨会务及改选下届负责人事宜；27日，出席第一六三次常务委员会会议。12月14日，出席第一六四次常务委员会会议。18日，出席第一六五次常务委员会会议，决议设立《国立西南联合大学一览》编辑委员会，与冯友兰、黄钰生、郑天挺等被聘为《国立西南联合大学一览》编辑委员会委员。

本年度，在文学院历史社会学系讲授"优生学""儒家的社会思想""西洋社会思想史"课程。发表论文《"出勤在乌托邦中"》（《今日评论》1940年第3卷第3期）、《节约运动与民族》（《今日评论》1940年第3卷第9期）、《论品格教育》（《今日评论》1940年第4卷第6期）、《人口品质的一个政策》（《今日评论》1940年第4卷第21期）、《人口流动的一个政策（上）》（《今日评论》1940年第4卷第22期）、《中国民族自救运动中的人口问题》（《民族学研究集刊》1940年第2期）、《明伦新说》（《杂志》

1940 年第 6 卷第 5 期）、《明伦新说》（《云南日报》 1940 年 2 月 25 日第 2 版）、《说卫生》（《云南日报》 1940 年 12 月 8 日第 2 版）。

1941 年 1 月 8 日，出席第一六六次常务委员会会议；15 日，经常务委员会第一六七次会议决定，与郑天挺、冯友兰、吴有训、黄钰生为空袭损害救济委员会委员。4 月 19 日，在常务委员会第一七四次会议上，报告"在渝与中央、浙江两大学当局商洽本届联合招生事宜经过情形"[1]。5 月 3 日，出席指导西南联大社会学学会妇女职业问题讨论会；7 日，出席第三届第四次校务会会议，通过三十年度预算案和审议职员请假暂行办法案。6 月 27 日，因樊际昌生病，暂代教务长。7 月，加入中国民主同盟，参与筹建民盟第一个省级支部，被选举为民盟中央常务委员，并担任昆明支部和云南省支部主任委员，任昆明《民主周刊》创办者和编辑；2 日，出席第一八二次常务委员会会议；16 日，出席第一八三次常务委员会会议，会议通过"修正三十年度校历"。10 月 16 日，与张奚若、周炳琳、陈岱孙等当选为西南联大第四届校务会议教授代表。11 月 5 日，在常务委员会第一九六次会议上，报告在渝出席四大学联合招生委员会

---

① 北京大学等编：《国立西南联合大学史料》卷 2《会议记录卷》，云南教育出版社 1998 年版，第 172 页。

经过情形；13 日，出席第四届第一次校务会会议，推定杨石先、刘仙洲、陈岱孙、陈雪屏、罗常培、田培林为本年度毕业生成绩审查委员会委员，杨石先为召集人。12 月 3 日，参加三十年度第二次教授会会议；16 日，在文林街文林堂讲"青年与修养"；23 日，指导联大社会学学会举办之学术座谈会；26 日，出席第四届第二次校务会会议，决定将叙永分校迁回归并本校。

本年度，在文学院社会学系讲授"优生学""西洋社会思想史"课程。著作《中国伶人血缘之研究》由商务印书馆出版；① 发表《说工读兼营：大学变通论之一》（《今日评论》1941 年第 5 卷第 2 期）、《从统考说到青年的志虑问题》（《云南日报》1941 年 6 月 29 日第 2 版）；代替梅贻琦作《大学一解》。

1942 年 3 月 7 日，应基督教青年会之请，演讲《人格教育》。4 月 14 日，与陈达、李树青、吴泽霖等教授出席指导社会学系婚姻问题讨论会。5 月 7 日，出席第四届第三次校务会会议，审议三十一年度预算案和本年度校历问题。7 月 22 日，与陈达、曾昭抡、李景汉、吴泽霖等教授出席某集团军在西南联大昆北食堂举行的边疆座谈会。8 月 23 日，应昆明市女青会之请，演讲《性教

---

① 潘乃穆编：《潘光旦文集》第 2 卷，北京大学出版社 1994 年版，第 74 页。

育与优生》。9月14日，应基督教女青年会之请，演讲《夫妇之道》。10月11日，应邀谈社会政策。26日，在重庆邮务工会演讲《抗战与民族健康》。31日，在复旦大学演讲《移民与人才（上）》。11月1日，在复旦大学演讲《移民与人才（下）》。26日，参加三十一年度第一次教授会会议；参加"十一学会"。12月1日，应云南大学经济学会之请，演讲《青年问题》。4日，与张奚若、周炳琳、钱端升等当选为西南联大第五届校务会议教授代表；与闻一多、吴晗一起创办《自由论坛》，提出民主和自由。27日，国民政府军事委员会滇西战时工作干部训练团拟聘其讲学。

本年度，在法商学院社会学系讲授"优生学""西洋社会思想史"课程。发表论文《交通与民族教育》（《江西公路》1942年第7卷第3期）、《由"迎宾"论到东西文化问题》（《春秋》1942年第3卷第1~2期）、《社会与社会学》（昆明《中央日报》1942年1月19日第4版）、《新母教》（《云南日报》1942年5月3日第2版）。

1943年1月13日，与陈达、吴泽霖等出席社会学系系会；25日，启程赴大理讲学；31日，出席国立大理师范举行之边疆教育座谈会，贡献意见颇多。2月1日至2日，出席中国社会学社昆明分社年会，并宣读论文

《工与中国文化》。3月22日，出席西南联大基督徒圣光团契举行的第一次青年问题讨论会，讨论"目前青年消极及散漫的原因"，并发言：吾人应"反求诸己"，解决苦闷应多思索以明事理之发展，知"劳"则精神有所寄托，以劳作解除苦闷。曾昭抡先生谓：青年朋友不必忽视自己，对一切不良现象人人均有责任。①4月7日，出席第五届第一次校务会会议，决定呈请行政院、教育部，陈述生活困难情形，并决议选出由潘光旦、陈序经、钱端升三人为起草委员会负责起草陈情报告；28日，应中法大学、空军学校合办之无线电讯班之请，演讲《去年休养》。5月19日，参加三十一年度第二次教授会会议。8月12日，经西南联大第二七〇次常务委员会会议决定，聘为法商学院社会学系系主任；19日，经第二七一次常务委员会会议决议，与张景钺、雷海宗、黄钰生、胡毅诸先生为西南联大三十二年度新生资格审查委员会委员，并为该委员会主席；应云南省审计处之请，演讲《业余的修养》。11月10日，与李树青、王赣愚、陶云逵等教授参与主讲基督教青年会组织社会问题大讲演；26日，应宪兵十三团之请讲演；27日，与罗常培、陈岱孙、张奚若等当选为西南联大第六届校务会会

---

① 《联大圣光团契讨论青年问题》，《云南日报》1943年3月24日，第3版。

议教授代表。12月1日，与瞿同祖、陶云逵、李树青等教授出席指导云南大学社会学学会主办的"现代中国社会问题讨论会"第一次讨论会；9日，应昆华师范学校之请，演讲《自我教育》；13日，与陈序经、吴晗、蔡维藩等教授参加《云南民国日报》举行的文化座谈会；22日，出席第六届第一次校务会会议；28日，应峨岷中学之请，演讲《自我教育》。

本年度，在法商学院社会学系讲授"优生学""儒家的社会思想""西洋社会思想史"课程。著作《优生与抗战》由商务印书馆出版；译作《健康教育论》（原书名为《性的教育》）由青年协会书局出版。发表文章《苍洱鸡足行程日记（上、下）》（《自由论坛（昆明）》1943年第1卷第5~6期）、《工与中国文化》（《自由论坛（昆明）》1943年第1卷第5~6期）、《工与中国文化》（《云南日报》1943年1月3日第2版、1月5日第3版、2月15日第3版）、《再论卫生与民族健康》（《云南日报》1943年8月29日第2版）。

1944年2月5日，与曾昭抡教授一起当选为昆明学术界组织之宪政研究会理事；16日，出席陶云逵追悼会。3月1日，出席第六届第三次校务会会议；11日，应昆明市学术界宪政研究会与基督教青年会之请，演讲《各国民主政治的社会背景》；14日，出席第六届第四次校务会会议。4 月 21 日，应私立天祥中学之请，演讲《青年社交与婚姻》。5 月 3 日，为纪念"五四"，《自由论坛》请其讲"自由主义与教育"；8 日，应西南联大教育研究会之请，演讲《青年期的性教育》；24 日，与周炳琳、张奚若、曾昭抡、闻一多、钱端升、罗莘田、燕树棠、王赣愚、雷海宗、李树青、吴之椿教授出席指导壁报协会在昆北食堂举行的"言论自由座谈会"。6 月 7 日，出席第六届第七次校务会会议，决议本校师范学院在独立以前仍按旧章办理，推定吴有训、陈岱孙、黄钰生、燕树棠、叶企孙五人为经费稽核委员会委员；在云南大学至公堂讲"民主与教育"。30 日，与校常委梅贻琦、曾昭抡、张奚若、陈岱孙、黄钰生、雷海宗等教授出席美国昆明总领事宴请副总统华莱士之宴会。7 月 5 日，出席第六届第八次校务会会议；7 日，与闻一多、杨西孟、邵循恪、潘大逵、蔡维藩、伍启元、沈有鼎、冯景兰、李树青、曾昭抡教授出席壁报协会等团体举行的"七七"时事座谈会；8 日，参加三十二年度第二次教授会会议；12 日，应云南省地方行政干部训练团之请，讲演《官师合一》；29 日，与梅贻琦一起被推为长城中学校董。8 月 1 日，与曾昭抡、伍启元应基督教青年会之请，主持讨论生活问题。9 月 6 日，出席第六届第十次校务会会议，与张景钺、雷海宗、黄钰生、胡毅、杨石先、朱荫章被聘为本届新生入学资格审查委员会委员，并为主席；29日，与钱端升、陈岱孙、张奚若等当选为西南联大第七届校务会议教授代表。10月26日，参加三十三年度第二次教授会会议；30日，出席第七届第二次校务会会议；31日，与周炳琳、陈雪屏、陈岱孙、闻一多、杨西孟、伍启元、金岳霖、燕树棠、王赣愚、费孝通、蔡维藩、雷海宗、吴晗、孙毓棠、崔书琴教授出席指导经济系一九四五级级会举行之盛大时事晚会。11月19日，与陈达、吴泽霖、费孝通等教授准备出席社会学学会迎新大会；20日，应基督教青年会之请，讲《中国家庭问题》。12月5日，参加三十三年度第三次教授会会议；6日，应基督教青年会之请，讲《中国的民族性》；18日，应基督教青年会之请，讲《生物学与社会问题》；24日，出席云南护国起义二十九周年纪念大会。

本年度，在法商学院社会学系讲授"优生学""中国社会思想史""西洋社会思想史"课程。译著《性心理学》由云南省经济委员会印刷厂出版。① 发表论文《写在"儿童福利会议"后》（《东方杂志》1944年第40卷第21期）、《说文以载道》《自由论坛（昆明）》1944

<hr>

① 潘乃穆编：《潘光旦文集》第12卷，北京大学出版社1994年版，第198页。

年第 2 卷 2 期)、《民主政治与中国社会背景》(《自由论坛 (昆明)》1944 年第 2 卷第 3 期)、《暗示的抵抗力及其他：赫胥黎论教育的一节》(《自由论坛 (昆明)》1944 年第 2 卷第 5 期)、《自由民主与教育》(《自由论坛 (昆明)》1944 年第 2 卷第 6 期)、《优生与儿童福利》(《自由论坛 (昆明)》1944 年第 3 卷第 4 期)、《民主政治与民族健康》(《民主周刊 (昆明)》1944 年第 1 卷第 1 期)、《必也狂狷乎》(《民主周刊 (昆明)》1944 年第 1 卷第 2 期)、《个人、社会与民治》(《民主周刊 (昆明)》1944 年第 1 卷第 4 期)、《工与中国文化》(《市政工程年刊》1944 年第 1 期)。

1945 年 1 月 16 日，应昆明市基督教女青年会之请，就家庭问题系统演讲；20 日，应军委会驻滇干训团之请，演讲《中国的文化》。3 月 5 日，出席第七届第六次校务会会议，决议由周炳琳、陈雪屏、朱自清三人负责起草向教育部商承行政院财政部补助同人生活费和薪俸；20 日，与陈达、吴泽霖教授飞渝出席战后安全及战后人口政策委员会议。4 月 18 日，与曾昭抡教授应文正学校中小学部之请，轮流演讲。5 月 4 日，历史学会在新校舍举行座谈会，与雷海宗、吴晗、闻一多、曾昭抡等教授出席指导。6 月 5 日，出席第七届第九次校务会会议，决议停发本月房贴；16 日，经西南联大第三三五次常务委员会决议，暂代教务长；20 日，出席第三三六次常务委员会会议，议决"聘请潘光旦、朱自清、李继侗、陈岱孙、刘仙洲、陈雪屏诸先生为本大学三十三年度毕业生成绩审查委员会委员，并请潘光旦为该委员会主席"①。27 日，出席第三三七次常务委员会会议。7 月5 日，出席第七届第十次校务会会议，通过本校三十四年度经费预算；11 日，出席第三三八次常务委员会会议；19 日，出席第三三九次常务委员会会议；26 日，出席第三四○次常务委员会会议，议决：西南联大定于本月29 日上午十时在学校大会堂招待由印来昆的本校志愿从军员生，并请郑天挺、查良钊两先生筹备。8 月 1 日，出席第三四一次常务委员会会议；出席第七届第十一次校务会会议，与冯友兰等被推起草改善从军学生生活意见呈蒋介石。10 日，应基督教青年会之请，讲《我所了解之儒家哲学》。13 日，出席第三四二次常务委员会会议，议决：本大学本学期不招收试读、借读学生，先修班本学期暂不另招生。23 日，出席第三四三次常务委员会会议。26 日，与伍启元、沈履、吴泽霖、查良钊、陈友松、陈雪屏、华罗庚、雷海宗、杨西孟、樊际昌、刘

① 北京大学等编：《国立西南联合大学史料》卷 2《会议记录卷》，云南教育出版社 1998 年版，第 381 页。

崇鋐、蔡维藩、鲍觉民、戴世光等教授发表《关于大学师生参加沦陷区域复员工作的意见》。29 日，出席第三四四次常务委员会会议。9 月 6 日，出席第三四五次常务委员会会议，会议决定聘请潘光旦与郑华炽、雷海宗等为新生入学资格审查委员会委员，并为该委员会主席；聘请其与雷海宗等为毕业生成绩审查委员会委员，并为该委员会主席；聘请其与霍秉权等为奖金委员会委员。13 日，出席第三四六次常务委员会会议。15 日，与叶企孙、周炳琳、陈岱孙等当选为西南联大第八届校务会会议教授代表。20 日，出席第八届第一次校务会会议，推定冯友兰为本届书记。24 日，出席第三四七次常务委员会会议，议决："潘光旦因事赴蓉，函请自本月二十五日起准假一个月，并请在准假期内，其代理教务长职务，由郑华炽先生暂行代理，其社会学系主任职务，由吴泽霖先生暂行代理，应均照准①"。27 日，与王赣愚、费孝通、闻一多、吴晗、曾昭抡、张荦群、王康、袁方、杜才奇发起《自由论坛社举行社员大会启事》。29 日，重庆《自由导报周刊》创刊，为编辑顾问。②11 月 16 日，在西南联大聚餐会上，演讲《工与

① 北京大学等编：《国立西南联合大学史料》卷 2《会议记录卷》，云南教育出版社 1998 年版，第 394 页。

② 王逊著、王涵编：《王逊文集》第 5 卷《翻译·书信附：王逊年谱》，上海书画出版社 2017 年版，第 205 页。

中国文化》；^① 26 日，出席第八届第三次校务会会议，推叶企孙、郑华炽、周炳琳到学生会代表大会劝学生复课；28 日，出席第八届第四次校务会会议；29 日，参加三十四年度第二次教授会会议，决议通过："召集全体学生训话，劝令即日复课，由全体教授出席。除代理常委叶企孙、教务长潘光旦先生外另推代表三人发言"^②，并发布《国立西南联合大学全体教授为十一月二十五日地方军政当局侵害集会自由事件抗议书》。12 月 1 日，出席第八届第五次校务会会议，确定初二日上午召开教授会；2 日，参加三十四年度第三次教授会会议，决议通过："学校拨园地，以安葬本校死难二同学；"^③ 5 日，出席第三五六次常务委员会会议；6 日，出席第八届第七次校务会会议；10 日，参加三十四年度第五次教授会会议，劝告学生复课；11 日，出席第三五七次常务委员会会议，决议："拟请教务长、训导长、总务长代表西南联大出席明日之本市各界为死难学生丧葬善后会议"^④；17 日，参加三十四年度第六次教授会会议，决议召开全

---

① 《中央日报》1945 年 11 月 17 日第 3 版。

② 北京大学等编：《国立西南联合大学史料》卷 2《会议记录卷》，云南教育出版社 1998 年版，第 551 页。

③ 北京大学等编：《国立西南联合大学史料》卷 2《会议记录卷》，云南教育出版社 1998 年版，第 553 页。

④ 北京大学等编：《国立西南联合大学史料》卷 2《会议记录卷》，云南教育出版社 1998 年版，第 408 页。

体学生会议，劝导学生复课；26 日，参加第三十四年度第十次教授会会议；31 日，出席第三五八次常务委员会会议，决议："西南联大为此次死难人员造坟茔所需各款，应先由西南联大暂先设法垫付"[①]。

本年度，在法商学院社会学系讲授"优生学""家庭问题""西洋社会思想史"课程。是年，发表论文《五四纪念专号：一种精神两般适用：为纪念五四作》（《自由论坛》1945 年第 25 期）、《工与中国文化》（《资源通讯》1945 年第 3 卷第 4~5 期）、《说智慧的自由——译自赫胥黎著《目的与手段》一书》（《自由导报周刊》1945 年第 4 期）、《社会问题：战争与民族健康》（《中央周刊》1945 年第 7 卷第 17 期）、《正视苏联》（《自由论坛》1945 年第 19 期）、《毋我则和平》（《平论半月刊》1945 年第 7 期）、《多党政治与团结的学习：民主导演论之二》（《民主周刊（昆明）》1945 年第 1 卷第 12 期）、《毋我则和平》（《民主》1945 年第 3 期）、《环境民族与制度》（《东方杂志》1945 年第 41 卷第 9 期）、《遗传与环境》（《妇女新运》1945 年第 3~4 期）、《漫谈拳术与体育》（昆明《中央日报》1945 年 8 月 6 日第 3 版）。

---

① 北京大学等编：《国立西南联合大学史料》卷 2《会议记录卷》，云南教育出版社 1998 年版，第 409 页。

1946 年 1 月 12 日，出席第三五九次常务委员会会议，议决："西南联大现有之图书仪器，应俟复员后就运抵北平之各件，视三校实际需要情形再定夺分配办法"；13 日，潘光旦又与闻一多、费孝通和吴晗等教授发表《四教授致马歇尔将军书》，文中指出：

从袁世凯的统治到现在，中国政治的本质并没有重大的变化，虽则在名义上又添了许多新花样。当然，这次抗战我们曾寄予过分的奢望，冀希在反法西斯的战争中，中国能走上民主的道路，使人民能获得以往政治所夺去的人民的自由。但事实使我们失望。中国在这八年的长期抗战里，人民的生活已经从贫困到了不可度日的境地……人民为了成全抗战的努力，容忍政府种种限制人民的措施。但是……行动以及生存的自由，无一不被夺取。这些事实，我们相信你已有充分的情报，若是还不足的话，最近昆明屠杀学生一事，也足够暴露过去几年来的政治本质了。

16 日，出席第三六〇次常务委员会会议；23 日，出席三六一次常务委员会会议，议决"关于云南省政府转来教育部所拨办理学生丧葬抚恤善后费用一千万元案，请潘光旦、查良钊二先生向南菁、工业、云大、中法等有关学校洽商支配办法"①；30 日，出席第三六二次常务委员会会议。2 月 6 日，出席第三六三次常务委员会会议。13 日，出席第三六四次常务委员会会议；出席第八届第八次校务会议，议决：在本学期结束前由学生自由报名三校中愿入之学校。② 20 日，出席第三六五次常务委员会会议，推请戴世光、吴泽霖两先生前往勘察百色、广州运输路线。24 日，与一百多位教授联合发表对东北问题宣言。27 日，出席第三六六次常务委员会会议。

1946 年 3 月 6 日，出席第三六七次常务委员会会议，讨论关于学生自治会及工学院学生自治会吁请取消工学院学生自治会前常务理事王世堂等三人记过处分案，学生壁报管理办法应予重订公布并切实执行等。7 日，与冯友兰教授赴保山编修《保山县志》。13 日，经第三六八次常务委员会会议讨论，准其请假，请假期内教务长由李继侗暂时兼代；与周炳琳、冯友兰、叶企孙、施嘉炀等被聘为西南联大图书迁运委员会委员。27 日，出席第三七〇次常务委员会会议。4 月 10 日，出席第三七一次常务委员会会议，主要讨论迁校相关事项；

① 北京大学等编：《国立西南联合大学史料》卷 2《会议记录卷》，云南教育出版社 1998 年版，第 415 页。

② 北京大学等编：《国立西南联合大学史料》卷 2《会议记录卷》，云南教育出版社 1998 年版，第 415 页。

17日，出席第八届第十次校务会会议，通过学校迁移经费预算；24日，出席第三七二次常务委员会会议。5月1日，出席第三七三次常务委员会会议，讨论结业典礼和迁校事宜；22日，出席第三七五次常务委员会会议，讨论西南联大校志付印等诸事宜；29日，出席第三七六次常务委员会会议，讨论派往外省参加招考工作或因公出差人员应否发给复员或还乡旅费案，请其与黄钰生、霍秉权、沈履诸先生会同三校代表各一人商定办法，报会备案。6月5日，出席第三七七次常务委员会会议；12日，出席第三七八次常务委员会会议，议决"裕和企业公司承运本大学第一批急运图仪至平合约，应由本委员会主席、三校代表各一人、本大学总务长、联合迁移委员会主席及法律顾问与公司签订"①；19日，出席第三七九次常务委员会会议，应云南省教育会之请，演讲《女子教育与妇女问题》。

本年度，在法商学院社会学系讲授"优生学""西洋社会思想史"课程。是年，著作《自由之路》由商务印书馆出版（1946年9月），《优生概论》由商务印书馆出版（1946年），《宣传不是教育》由生活书店出版（1946年5月），《人文生物学论丛》由商务印书馆出

---

① 北京大学等编：《国立西南联合大学史料》卷2《会议记录卷》，云南教育出版社1998年版，第443页。

版（1946 年再版）；译作《赫胥黎自由教育论》由商务印书馆出版（1946 年 3 月）。发表论文《政治必须主义么？》（《再生》1946 年第 108 期）、《说童子操刀：人的控制与物的控制》（《再生》1946 年第 115 期）、《说乡土教育》（《再生》1946 年第 117 期）、《介绍费孝通教授新著《作之民》：未经国定的一册公民读本》（《再生》1946 年第 122 期）、《说军与民》（《再生》1946 年第 125 期）、《说乡土教育》（《沧怒新潮》1946 年创刊号）、《所望于协商会议者：不问收获，但问耕耘》（《民主周刊（昆明）》1946 年第 2 卷第 23 期）、《致马歇尔特使书》（《民主周刊（昆明）》1946 年第 2 卷第 23 期）、《和平建国纲领关于教育的一条》（《民主周刊（昆明）》1946 年第 3 卷第 2 期）、《人的控制与物的控制》（《观察》1946 年第 1 卷第 2 期）、《军与民的社会地位》（《观察》1946 年第 1 卷第 9 期）、《派与汇（一）：作为费孝通："生育制度"一书的序》（《观察》1946 年第 1 卷第 15 期）、《派与汇（二）》（《观察》1946 年第 1 卷第 17 期）、《派与汇（三）（附表）》（《观察》1946 年第 1 卷第 17 期）、《派与汇（四）》（《观察》1946 年第 1 卷第 18 期）、《毋我则和平统一》（《时代评论（昆明）》1946 年第 10 期）、《保障学术自由：论和平建国纲领关于教育的一条》（《民主周刊（北平）》1946 年第 7 期）、《一种精神两般适用》（《客观》1946 年第 12 期）、《一种精神两般适用》（《现代文献》1946 年创刊号）、《学与政与党》（《正义报》1946 年 3 月 3 日第 2 版）、《说童子操刀》（《正义报》1946 年 5 月 6 日第 2 版）。

1946 年，西南联大结束，潘光旦随清华大学复原北平，任教社会学系，并任系主任、图书馆馆长，兼民盟清华负责人，积极开展民主运动和配合共产党领导的学生运动。年底，参加清华大学纪念闻一多牺牲周年纪念会。1948 年，为迎接北平和平解放做了不少工作。

中华人民共和国成立后，潘光旦担任政务院文教委员会委员、中国人民政治协商会议第二届全国委员会委员等职，并任民盟中央常委、民盟总部宣传委员和文教委员、民盟北京市支部委员和文教委员、民盟清华大学区分部主任委员。

1949 至 1952 年间，潘光旦继续在清华大学工作，担任社会系主任、图书馆馆长，兼任校务委员会委员。他讲授"社会主义思想史""家庭进化史""马列名著选读"等课程，译注了恩格斯的《家庭、私有制和国家的起源》。1951 年春，前往上海、苏州、吴江、无锡、常熟等地考察土改运动，收集了大量第一手资料，写出

《谁说江南无封建？》等多篇文章在《人民日报》等报刊发表，后收编为《苏南土地改革访问记》出版。1952年，潘光旦到中央民族学院任研究部第三室主任。他调查研究湘西土家族，写出了调查报告和有关文章。他还研究景颇族史、畲族史，并整理中印边界有关资料。

1957年的"反右斗争"中，潘光旦被错划为"右派分子"。此后十年，他通读二十五史，搜集整理少数民族史料约一百六十万字，同时翻译了达尔文巨著《人类的由来》。1967年6月10日，潘光旦病逝，遗书万册捐献给中央民族学院。党的十一届三中全会后，他在政治上得到平反，恢复名誉。

遗著《中国境内犹太人的若干历史问题》以及《人类的由来》均已出版。

吴泽霖（1898~1990）

吴泽霖，江苏常熟人，原籍安徽，生于清光绪二十四年（1898）九月十二日（10月26日），[1] 著名社会学家、人类学家、民族学家、博物馆学家和教育家。父吴龢，字石平，清末秀才，能书善画，但不长理财；母贤淑温厚，宽容勤谨，虽家无余赀，然安贫乐道。1909年9月至1911年6月，吴泽霖就读于常熟明德小学，读书期间，其父为其取别号"雨苍"。1911年9月至1912年1月在常熟思文小学就读。1912年2月至1913年7月，在江苏常熟第一高小学习，并以擅长画画闻名。1913年9月，以优异成绩考入清华学校，入学后编入乙班。1922年7月，清华学校毕业，16日乘轮船远渡美国留学。1922年9月至1924年2月，在

① 哈正利、张福强：《吴泽霖年谱》，上海文艺出版社2018年版，第26页。

美国威斯康星大学学习社会学和心理学。同年 2 月，进入美国密苏里大学主修社会学。6 月，参与筹备《大江季刊》。1925 年 6 月，获密苏里大学硕士学位，硕士论文为 "The Social Thought of Confucius"。是月，进入俄亥俄州立大学攻读博士学位，主修社会学。1927 年 6 月，获俄亥俄州立大学哲学博士学位，博士论文题目为 "Attitudes Toward Negroes，Jews，and Orientals in the United States"（《美国人对黑人、犹太人和东方人的态度》）。9 月，绕道欧洲，周游西欧诸国后，途经日本回国。10 月，任教江苏扬州中学，担任教育心理学教员。1928 年 1 月，任大夏大学教授，兼预科主任。是年冬，与孙文本、吴景超、游嘉德等学者，组织东南社会学会，出版《社会学刊》，并召开年会。1929 年 8 月，担任大夏大学附属中学主任。1930 年 1 月，与孙文本等人被推举为社会学学会筹备委员会委员。2 月 8 日，中国社会学社成立，被推选为会计，并演讲《社会心理之内容》。

1937 年，七七事变爆发，全面抗战开始。作为大夏大学教务长，被邀请参加庐山会议，商议迁校事宜。12 月，随大夏大学部分师生迁往贵州。1938 年 3 月 30 日，宴请经过贵阳的国立长沙临时大学师生。4 月，国立长沙临时大学改称为国立西南联合大学。1939 年 2 月 26 日，出席全国教育会议。1940 年 9 月 22 日，在贵阳组织召开了梅贻琦为清华大学服务二十五周年庆祝会，并发言。
12月23日，应西南联大社会学系之请演讲《抗战与民族
卫生》。

　　1941年1月，到西南联大社会学系任教，主讲"高
级社会学""人类学""犯罪学"等课程。国民党在昆
明重新登记党员，没有去登记，自动脱离国民党。6日，
与梅贻琦、罗常培等共进晚餐。3月15日，与李景汉、
李树青、戴世光等教授率领社会学系学生赴呈贡参观；
26日，与潘光旦等出席教育部名词审查委员会在中央图
书馆召开的大会。4月27日，参加清华大学在西南联大
工学院举行的30周年校庆纪念会，作为清华代表致辞。
5月，主持全国新运总会在贵州黔西县设立的"苗民服务
站"工作；23日，应西南联大社会系之请演讲《抗战与
民族卫生》。6月，担任贵阳文通书局编辑委员会委员。
7月，兼任军委会战地服务团训练班专员，负责该团主办
的干部训练班。冬，鼓励并指导胡庆钧去昆明附近的苗
区调查。11月，制订《黔滇苗族调查计划》。12月23
日，西南联大社会学学会举办学术座谈会，吴泽霖与雷
海宗、潘光旦、李树青等出席指导；31日，续弦，与马
时芳在中华教会举行婚礼。

　　是年，发表《海巴苗中的斗牛》（《社会研究》
1941年第16期）、《"安顺苗夷的生活"序及各族类

吴泽霖

名概述》（《社会研究》1941 年第 25 期）、《贵阳青苗中求婚》（《社会研究》1941 年第 47 期）、《贵州苗胞生活概况》（《西南公路》1941 年第 135 期）、《贵州苗胞生活概况续》（《西南公路》1941 年第 136 期）。1941 年至 1942 年，在西南联大法商学院社会学系讲授"高级社会学""普通人类学"课程。

1942 年 2 月，推荐费孝通担任远征军军委会参议，并与其一起出席蒋介石在昆明宴请杜聿明、孙立人的宴会。3 月 1 日至 3 日，参加人口政策研究委员会组织的会议，任该会驻昆委员。4 月 14 日，与陈达、潘光旦等教授出席指导社会学系婚姻问题讨论会。5 月在墨江建立边胞服务站，推荐丁兆兴担任服务站主任，主要负责联系当地少数民族上层、进行简单医疗工作、开设儿童识字班、宣传国民政府政策、拍摄少数民族照片等。5 日，参加西南联大清华大学国情普查研究所联谊会。30 日，与戴世光等一同参加县立中学校长昌灿云之父杏林先生葬礼。7 月，组建云南丽江边胞服务站，目的是为边区少数民族提供医疗服务和国民教育服务，并推荐西南联大社会学系毕业生张正东、邝文宝，教育学系毕业生李觉民和纳西族女教师赵银裳及其他几位青年，赴丽江工作；20 日，参加人口政策委员会召开的会议；22 日，与陈达、曾昭抡、李景汉等教授出席某集团军在西南联大昆北食堂举行的边疆座谈会。8月，《贵州苗夷社会研究》由贵阳文通书局印行；5日，应云南省地方行政干部训练团之请，演讲《种族与历史》；13日，作为介绍人，出席吕守先和李植人的婚礼。9月24日，与潘光旦、陈达、李景汉出席社会部召开的社会行政计划委员会第一次会议；28日，与邵循正、闻家驷等被中法大学聘为兼任教授。10月19日，参加中国边政学会第二次理监事会议，商讨推进边疆研究相关事宜。12月4日，于《中央日报》发表《社会运动与社会行政》一文；5日，在缪云台家中与梅贻琦、潘光旦商谈云南留美预备班等相关事宜；24日，邀请陈达在家中共度节日。1942年至1943年，在西南联大法商学院社会学系讲授"社会学原理""普通人类学"课程。是年，发表《水家苗的妇女生活》（《民族学论文集》第1辑）。

　　1943年1月1日，三子吴旦衡降世。同日，西南联大留美预备班成立，举行名家讲堂，吴泽霖受邀讲授《美国民族之组织》。2月1日至2日，出席中国社会学社年会昆明分会在云南大学举办的第一次代表大会，当选为中国社会学社第六届理事会正理事，并在会上宣读了《边疆的社会建设》一文。同月，将在纳西族、藏族、傈僳族聚居地区搜集到的两百余件文物及照片，从丽江运抵重庆，并于是月中旬至3月上旬在重庆夫子池展出。3月至年底，在云南呈贡东方语文专科学校兼职教授，讲授"社会学和社会问题"课程。6月，与李景汉合编的《社会调查》由重庆中央训练团党政高级训练班出版。7月19日，应云南省社会部聘请调查丽江永宁及西康木里土司辖地。8月22日，在呈贡县国民党党部举行的户籍行政宣传大会上讲演《户籍行政》；同月，到云南丽江县纳西族地区进行社会调查，回昆明后公开举行纳西族问题相关演讲；到中央训练团高级班演讲《人口调查》，在社教部工作人员训练班演讲《社会问题》。9月14日，结束考察回到昆明。10月，兼任昆明译员训练班副主任，主讲"美国民族心理"等课程。11月2日，出席中国社会科学会云南分会在云南大学举行的第一次年会，上午讨论战后建设纲领，下午与李景汉、李树青等教授宣读论文。24日，应基督教青年会之请演讲《社会病理问题》。《么些族的生活》调查报告撰写完成。论文《边疆的社会建设》发表于《边政公论》第2卷第1、2期。1943年至1944年，在西南联大法商学院社会学系讲授"社会学原理""普通人类学"课程。

　　1944年1月3日，与马时芳、梅贻琦等人前往四川泸州。14日，出席教育部边疆委员会召开的全体委员大会，担任第四届、第五届边疆教育委员会委员。为增进国人对于边疆社会的认识，其于会议前后举行边疆问题讲演会及边疆文物展览会。30日，与校常委梅贻琦到贵州遵义浙江大学和竺可桢谈译员训练班学员招考事宜，并在该校演讲。2月，在贵阳大夏大学演讲《边疆政策》。4月19日，在昆华师范附小礼堂讲演《社会建设》。5月18日，赴广西处理译员招考等事宜，并受邀到广西大学演讲《大学生参加远征军问题》。8月4日，监考西南联大新生录取考试。11月1日，参加军委昆明译员训练班一周年纪念会，并对该班的成立及工作情况进行了回顾和总结；10日，应基督教青年会之请演讲；19日，与潘光旦、陈达、费孝通等教授出席社会学学会迎新大会、改选干事和野餐活动。是年，论文《贵州的民族》发表于《文讯》（1944年第5卷第1期）。1944年至1945年，在西南联大法商学院社会学系讲授"社会学原理""普通人类学"课程。

1945年3月，由呈贡搬到西南联大励新二村；19日，与陈达、潘光旦、戴世光等赴重庆参加会议，其间与岳父马文车拜访何应钦，与之谈论抗战以来战地服务团的工作成绩。4月11日，与陈达到沙坪坝出席中央大学社会学系社会服务试验区成立大会；20日，应云南省文化运动委员会之请，主讲《罗斯福逝世后，对美国国内外之影响》。8月15日，日本宣布无条件投降，抗战取得伟大胜利；26日，与伍启元、沈履、查良钊、陈友

吴泽霖

松、陈雪屏、华罗庚、雷海宗、杨西孟、潘光旦、樊际昌、刘崇鋐、蔡维藩、鲍觉民、戴世光共十五位教授发表《关于大学师生参加沦陷区域复员工作的意见》。10月9日，潘光旦因事离昆，暂代西南联大社会学系系主任；25日，与梅贻琦、戴世光等查看昆明译训班房屋情况。11月26日，幼女吴美伦出生。

是年，论文《战时社会心理》发表于《中央周刊》（1945年第7卷第17期），《战后边疆问题》发表于《清真铎报》（1945年第19期），《罗斯福总统逝世后在美之影响如何？》发表于《青年之友（昆明）》（1945年第1卷第2期），《么些人之社会组织与宗教信仰（上）》发表于《边政公论》（1945年第3卷第4、5、6期），《么些人之社会组织与宗教信仰（下）》发表于《边政公论》（1945年第4卷第7~8期）。1945年至1946年，在西南联大法商学院社会学系讲授"社会学原理""人类学"课程。

1946年1月6日，《战后的边疆问题》发表于《云南日报》（1946年1月6日第3版）；22日，滇西土司刀承钺数人来访，受梅贻琦之约，与查良钊、潘光旦等数人餐叙；25日，应财政厅华秀升之约，与梅贻琦、陈纳德等聚餐；28日，出席西南联大迁移委员会第二次会议。2月1日，赴土司刀氏之宴；19日，出席西南联大迁移委员会第三次会议；27 日，与西南联大一百三十余名教授联合发表对东北问题宣言。

3 月 14 日，与霍秉权、沈履分两路考察北大、清华、南开迁校路线。4 月 4 日，应梅贻琦之约，至其家商议担任清华大学教务长之事。11 日，与梅贻琦、鲍觉民、陈序经、戴世光等人同赴潘光旦家中晚餐；月内提前结束西南联大课程，离开昆明。5 月 4 日，西南联大宣告结束。论文《从么些人研究谈到推进边政的原则》发表于《边政公论》（1946 年第 5 卷第 2 期）。

7 月，听闻闻一多被害，致信闻一多夫人高孝贞慰问。清华大学复学于北平，任清华大学教授、教务长，创办人类学系并任系主任，教授"社会学原理"课程，建立民族文物陈列室。12 月，参加战地服务团组织的会议。

1947 年，在《边政公论》发表《边疆问题的一种看法》（第 4 期）。

1948 年，辞去清华大学教务长之职。

1952 年，吴泽霖任中央民族学院教授、中央民族事务委员会中国民族博物馆筹备组主任。次年，调任西南民族学院教授兼民族文物馆馆长。1957 年，加入中国民主同盟；后曾被错划为"右派分子"；参加筹建北京民族文化宫。1960 年，调任中央民族学院教授，后兼任中国社会科学院民族研究所研究员、南开大学兼职教授。1982 年，调任武汉中南民族学院教授，后兼任贵州民族学院教授。1986 年，加入中国共产党。曾任中国社会学学会、中国民族学学会、中国人类学学会、中国世界民族研究学会顾问、湖北省社会学学会名誉会长等。

1990 年 8 月 2 日逝世。

吴泽霖是中国民族博物馆事业的创始人和最有权威的民族博物馆专家，中国社会学、民族学、人类学学科的奠基人之一。合译《印第安人兴衰史》，合编《复兴高级中学公民课本》《世界人口问题》等，与陈国钧等合著论文集《贵州苗夷社会研究》，主编《人类学词典》，另著有《吴泽霖选集》《吴泽霖民族研究文集》。

陈达（1892~1975）

陈达，字通夫，浙江余杭人，清光绪十八年初八日（1892年4月4日）生于余杭县里河村。陈家世代务农，陈达八岁入私塾启蒙。光绪三十二年（1906），陈达年十四，入县城新办高等小学。宣统元年（1909），以优异成绩毕业，被保送至浙江省城杭州府中学。宣统三年（1911），以第一名考入清华学堂留美预备班。民国元年（1912）入学；民国五年（1916），毕业于清华学校，获公费入读美国俄勒冈州波特兰市立德学院。民国七年（1918），获学士学位，继入哥伦比亚大学社会学系就读。民国八年（1919），获哥大硕士学位，继续在研究院攻读，随美国社会学大师乌格朋（William Fielding Ogban）等研究社会学。民国十二年（1923）夏，获哥大哲学博士学位，毕业论文为 "Chinese Migrations With Special Reference to Labor

Conditions，Washington D.C."。毕业后曾短期任美国劳工统计局职员。8月，离美返国，任母校清华学校社会学教授，讲授"社会学原理"。同年出版《社会调查的尝试》（清华学校版）。民国十四年（1925），美国纽约社会及宗教研究所鉴于对"中国社会经济情形有系统的研究尚不够发达，拟开一研究所，极力提倡。派遣美克尔博士（Dr.Meeker）来华，与各方商洽"（《社会学杂志》1925年第2期），并聘请陈达等人为筹备委员，分赴各地调查，调查结果之一为建议在清华等院校成立中国第一批社会学系。同年，美国学者发起筹组太平洋学会，在夏威夷火奴鲁鲁召开成立大会，陈达以个人身份赴会，会后至福建、广东调查劳工问题。民国十五年（1926），清华学校社会学系成立，任教授兼系主任，"社会学系成立初期，仅有教授陈达一人，专为各系开社会学的课程"（清华大学校史编写组《清华大学校史稿》），后兼《清华学报》主编。同年出版《近八年来国内罢工的分析》（清华学校版）。民国十七年（1928），清华学校确定社会学系"社会学与人类学并重的原则"（陈达《社会学及人类学系》），并改名为"社会人类学系"，陈达仍任系主任。民国十八年（1929），再度至福建、广东等地搜集劳工问题资料，应邀至夏威夷大学讲学，出版《中国劳工问题》（商务印书馆版，列为"中国经济学社丛书"之一），同年，清华学校易名为"国立清华大学"。陈达一度离校任内政部统计司司长，以不惯官场生活，数月后辞职出京，仍任教清华。民国十九年（1930）秋，请假至广东、香港、福建一带，调查劳工情况；冬，应夏威夷大学之聘，前往作长期讲演，又应国际联欢会之邀，讲《国际劳工局之组织与概况》。同年，清华大学社会人类学系始增聘教授，续招新生，扩充课程，并按课程之性质分为理论社会学、应用社会学、人类学三组，主张学生"专攻一组"，与该系教授潘光旦（仲昂）提倡之"通才教育"大相径庭。

1934年冬，陈达去爪哇、邦加岛、马来亚、新加坡、暹罗、柬埔寨等地，从事南洋华侨问题研究达半年之久。1935年夏，他趁清华休假一年之机，先至苏联，后又去西欧诸国考察，特别注意调查了德、意等国的劳工状况，以及苏联的国营工厂和集体农庄的工农劳动情况。他在参观苏联教育委员会所属的中央研究院后，曾在纪念簿上填词："关于苏联的教育工作，留给我极深刻的印象，苏联的教育家无疑的要陶冶（年青一代的）新人格，应付新生活"，表达了他对苏联教育制度的向往。其后又去印度，调查加尔各答地区的农民状况。经过这一年的考察，他发表了多种调查报告和有关专论。

1937 年，七七事变后，抗日战争全面爆发。陈达随清华大学南迁至长沙。在北京大学、清华大学、南开大学合作的长沙临时大学历史社会学系任教，讲授"劳工问题""人口问题"课程，发表《南洋华侨与闽粤乡间的信仰》于《社会科学（北平）》第 2 卷第 4 期、《中国劳工问题的特性》于《教育与民众》第 8 卷第 5 期。是年 12 月 13 日，南京沦陷，武汉危急，长沙危险。国立长沙临时大学被迫西迁昆明。

1938 年 2 月 15 日，随蒋梦麟校常委来昆筹备迁校。后，陈达经长沙坐火车至广州，再由广州至香港，再坐轮渡至越南海防，由海防经滇越铁路入昆。抵达昆明，应熊庆来之约往云南大学暂住。同住者有马约翰、施嘉炀、王化成等人。4 月，国立长沙临时大学改称国立西南联合大学，任历史社会学系教授、社会学系系主任、国情普查研究所主任；25 日，随文学院、法学院前往蒙自，任蒙自分校审计委员会委员；[①] 29 日，出席清华大学自离开北平以来的第一次校庆纪念活动，梅贻琦自昆明来报告学校近况。不久，校常委蒋梦麟夫妇及教育部视察员来，出席欢迎会及聚餐。加入蒙自同人组织的网球俱乐部。5 月，出版《南洋华侨与闽粤社会》（商务印

①　北京大学等编：《国立西南联合大学史料》卷 1《总览卷》，云南教育出版社 1998 年版，第 169 页。

书馆 1938 年 2 月再版）。5 日，文法学院开始上课，讲授"劳工问题""人口问题"课程。7 月 30 日，讲课完毕。其间，经李景汉介绍，往蒙自夷人区参观，注意到"第一区的夷人，靠近蒙自市，汉化程度甚高，房屋、衣服及生活习惯，与汉人无大别。用汉语，依教育部定章开办初小。第二区离县城 12 里，夷人住于山坡上，汉化程度较低"[①]。8 月，西南联大清华大学国情普查研究所成立，任所长；选定云南呈贡县为实验区。23 日，蒙自分校结束。陈达随文法学院迁往昆明，只身住在昆明北门街 45 号（后改住 71 号）联大教师宿舍。10 月，与陈序经、陈总（陈岱孙）等六人代表西南联大参加西南经济调查合作委员会。

1939 年 1 月 22 日，吴文藻、罗常培发起组织云南民族研究会，陈达被选为理事。5 月 8 日，社会学学会组织"中国近百年来之社会变迁"系统演讲，请陈达教授演讲《中国百年来人口的变迁》[后发表于《云南民国日报》（1939 年 5 月 8 日第 4 版），《近代中国人口的变迁》发表于《华美》（1939 年第 2 卷第 10 期）]。1939 年 1 月至 5 月，举行呈贡县人口普查；10 月，在呈贡县试办人事登记；11 月至 1940 年 3 月，举行呈贡县

---

① 陈达：《浪迹十年之联大琐记》，商务印书馆 2013 年版，第 31~32 页。

农业普查。与苏汝江合编《中国人口问题文献索引》一书，未正式出版。

1939 年，陈达将家眷接来昆明，并从此寓居呈贡，往返于呈贡和昆明之间进行研究调查和上课讲课，时常饱受跑警报之苦。1938 年至 1939 年，于文学院历史社会学系讲授"人口问题""社会运动""社会立法"课程。1939 年至 1940 年，于文学院历史社会学系讲授"人口问题""劳工问题"课程。1940 年至 1941 年，于法商学院社会学系讲授"人口问题""劳工问题"课程。1941 年至 1942 年，于法商学院社会学系讲授"人口问题""劳工问题"课程。1942 年至 1943 年，讲授"人口问题""劳工问题""毕业论文"课程。1943 年至 1944 年，讲授"人口问题"。1944 年至 1945 年，讲授"劳工问题""社会调查""社会研究法"课程。1945 年至 1946 年，讲授"社会调查""社会研究法"课程。

1940 年 2 月，推行人事登记于呈贡全县。21 日，以顾问名义由昆飞渝出席第一次全国主计会议[1]，并提交人口普查提案。8 月 2 日，由昆明大观楼乘船往昆阳县，3 日，出席在昆阳县立中学举行的昆阳人事登记讲习班

---

[1] 陈达：《浪迹十年之联大琐记》，商务印书馆 2013 年版，第 258~260 页。

开学仪式。19 日，被西南联大聘为社会学系系主任。①
9 月 16 日，发表《云南呈贡县人口普查的初步报告》。
22 日，由昆飞渝授课。秋，被内政部户训班聘为专任教官兼实习指导。11 月 16 日，在社会学系迎新会上演讲。
12 月 6 日，撰文于社会学会主办之《社会》壁报。

是年，《政工队应怎样克服困难与完成任务？》发表于《浙江潮（金华）》（1940 年第 104 期），《工作与学习：怎样办壁报》发表于《浙江妇女》（1940 年第 2 卷第 5 期），《工商业劳工检查的组织（书评）》发表于《今日评论》（1940 年第 3 卷第 10 期）。出版 *Emigrant Communities in South China*。

1941 年 1 月 7 日，应西南联大社会学系之请演讲《抗战与中国社会变迁》。《抗战与人口》发表于《云南日报》（1941 年 1 月 15 日第 2 版）。2 月，陈达以社会学高级顾问身份赴重庆出席全国主计会议。根据他们在呈贡的初步研究，陈达又进一步提出以云贵川三省作为全国人口普查试验区的正式议案，这一议案得到了政府的批准。会议期间，应周钟岳先生的建议，将云南作为普查试验区户籍示范工作的重点。返昆之后，陈达和研究所进一步将该课题研究的区域扩大到当时的昆明

① 陈达：《浪迹十年之联大琐记》，商务印书馆 2013 年版，第 107 页。

县、晋宁县和昆阳县，将户籍示范工作作为核心问题。是年，《战时云南人口普查的推进》发表于《云南日报》（"星期论文"，1941年4月2日第2版），《战时云南人口普查的推进》发表于《云南日报》（1941年4月6日第2版），翻译文章《华侨移殖与环境及种族之关系（附表）》发表于《侨声》（1941年第3卷第11期），《被迷信断送了的女子》发表于《现代家庭》（1941年第4卷第10期）。

　　1942年1月14日，与李景汉、戴世光等出席昆明环湖市县户籍实施委员会在清华大学昆明办事处举行的预备会，决定以昆明市、昆明县、昆阳县及晋宁县为户籍示范区，并撰《云南省户籍示范的意义》发表于《云南日报》（1942年1月18日第2版）。19日，于环湖市县户籍实施委员会在云南省民政厅所开成立会上演讲。4月14日，出席社会学系婚姻问题讨论会。4月30日，应西南联大国际情势讲演会之请演讲《南洋与中国移民》。7月12日，出席边疆座谈会。秋，向社会部谷叔常部长建议，由西南联大社会学系同人研究滇省问题，供该部参考，获得同意。10月5日，由昆飞渝出席全国第一次社政会议；7日，往马家堡中央训练团社会工作人员训练班（厂矿检查组）演讲《劳工问题的起源》；10日晚，在社会服务处讨论战时的社会政策；12日，草拟

《社会学与社会行政》发表于《中央日报》（1942年10月12日第6版）。是年，论文有《上海市民亟须推行的四项运动》发表于《太平洋周报》（1942年第1卷第5期），《工会主义与中国劳工运动（劳动讲座）》发表于《中国劳动》（1942年第3卷第2期），《南洋与我国海外迁民运动》发表于《当代评论》（1942年第3卷第1期）。

1943年春，社会部与社会学系同人互商，确定了陈达担任滇省选县社会行政的研究，随后即选定昆明县、昆阳县及呈贡县为研究范围。[1] 1月，陈达任昆明市社会处顾问，调社会学系学生十人作调查员，为社会部在昆明实行"限制工资"政策而作工资调查。[2] 2月1至2日，与吴泽霖、李景汉、陈序经等教授出席在云南大学举行的中国社会学社年会昆明分会，并领导讨论《战后社会建设讨论纲要》。13日，参加西南联大社会学系系会，讨论经费、毕业生论文事宜。3月10日，应云南省地方行政干部训练团之请演讲《我国户政的推行》。15日，子旭都被西南联大附属中学录取。5月7日晚，出席社会学系举行的交友与恋爱讨论会。26日，在社会学

① 陈达：《浪迹十年之联大琐记》，商务印书馆2013年版，第72页。

② 清华大学校史编写组编：《清华大学校史稿》，中华书局1981年版，第357页。

系本届毕业同学欢送会上演讲，以《治学方法》为题。
6月，开始滇省选县社会行政研究的调查。8月1日，应
邀出席云南大学与经济委员会合组社会研究室会议，并
邀请全体与会人员参观国情研究所。23日，辞去社会学
系系主任职，由潘光旦接任。9月12日，太平洋职员卡
德氏与荷兰德氏，偕同刘驭万等参观国情研究所，"认
为对于搜集我国社会科学的资料及研究，颇有裨益"①。
30日，应军事委员会战地服务团之请讲演《抗战期间中
国人口的迁徙》。10月10日，陪子旭都由呈贡乘滇越铁
路火车入昆明，就学于西南联大附中。11月1日，赴斗
南村东方语文学校演讲。2日，出席中国社会科学学会云
南分会在云南大学举行的第一次年会，并作为召集人讨
论战后建设纲领。同年出版《近代中国国势普查（英文
本，昆明战地服务团版）。

　　1944年1月，被中央训练团党政高级班聘为教官，
授"社会调查"课。2月22日，飞抵重庆为中央训练团
党政高级班授课。3月7日，受蒋介石邀请晚餐，并述及
云南户籍示范工作。3月9日，由渝归昆，由昆明至呈
贡。6月5日，应云南大学政治学会之请，讲演《社会行
政问题》。10月24日，应基督教青年会之请，讲《我

---

　　① 陈达：《浪迹十年之联大琐记》，商务印书馆2013
年版，第198页。

国战时劳工问题》。是年，《父亲哭了》发表于《家庭年刊》（1944 年第 2 期），《我国社会行政的主要问题》发表于《社会建设（重庆）》（1944 年第 1 卷第 1 期）；出版《社会调查（社会调查的主要方法）》（重庆中央训练团版）。

1945 年 1 月 14 日，完成英文论文《中国人口问题研究报告》，共七章，一百三十页，计七万字左右。17 日，托昆明美领馆卓副领事用外交文袋将论文寄华盛顿，转寄给芝加哥大学社会学系主任乌格朋教授。[①] 2 月 15 日，完成滇省选县社会行政调查，撰写五章：一是社会行政与社会福利，二是农民生活，三是合作事业，四是劳工事业，五是结论，共四百六十二页，并于今日挂号寄给重庆社会部谷叔常部长。3 月，英文论文《中国人口问题研究报告》发表于《美国社会学杂志》。19 日，受行政院社会部部长古正纲之请，与吴泽霖、潘光旦、戴世光等三人，赴重庆参加会议，商讨战后各种社会政策。[②] 22 日，出席劳工政策委员会，反对工厂会议，赞成加入奖励工人的发明。23 日，出席人口政策研究会修正研究报告草案会。24 日，主持人口委员会继续会议；

① 陈达：《浪迹十年之联大琐记》，商务印书馆 2013 年版，第 209 页。
② 哈正利、张福强：《吴泽霖年谱》，上海文艺出版社 2018 年版，第 159 页。

阅读《延安一月》，对书中人民的生活、婚姻法、土地政策、"三三制"和新民主主义颇为注意。是晚，出席清华同学会举行之欢迎社会学系赴会教授茶会，并报告国情普查所工作。25 日，出席社会安全委员会第一次会议。28 日，与马超俊发起组织中国劳工福利协会。29 日，访问顾季高。30 日，应中央文化运动会之请，演讲《战时国内移民运动》。4 月 1 日，与吴泽霖等乘公共汽车至沙坪坝出席中央大学社会系社会服务实验区的成立会。① 2 日，赴四联总处讲《战时国内移民运动》，讲毕赴资源委员会讲《从人口的观点，研究云南的工业化》，其后至中国社会行政学会讲《我国人口研究与社会行政》；3 日，赴化龙桥中国农民银行讲《战时西南人口的研究》，晚至中华职业教育社讲《人事管理》。5 月 15 日，应西南联大战后之中国系统讲演之请，讲《战后的人口政策》。9 月 21 日，应云南省文化运动委员会之请，主讲《我国战后社会建设》。27 日，与蔡维藩、周炳琳、杨西孟、王赣愚教授出席云南省社会处举办的复原问题座谈会。为参与太平洋学会将在美国举行的会议，受太平洋学会中国分会主任干事刘驭万之邀撰写英文论文。7 月 25 日至 10 月 2 日，完成英文论文《战时国

① 哈正利、张福强：《吴泽霖年谱》，上海文艺出版社 2018 年版，第 160 页。

内移民运动及社会变迁》，计 14000 字。是年，《从战时西南区人口研究谈中国人口问题》发表于《社会建设（重庆）》（1945 年第 1 卷第 3 期），《我国社会救济法及其使命》发表于《社会建设（重庆）》（1945 年第 1 卷第 2 期），《苏联游记》发表于《自由论坛》（1945 年第 21 期），《苏联游记（续第二十一期）》发表于《自由论坛》（1945 年第 23 期），《战时国内移民问题》发表于《中央周刊》（1945 年第 7 卷第 17 期），《论户政与宪政》发表于《户政导报》（1945 年创刊号），《马来亚游》发表于《旅行杂志》（1945 年第 5 期）。

抗战胜利后，陈达进行了大规模的工人生活现状的调查。1946 年，他在上海选择沪南、闸北等五个区，先普查了一千五百多家工厂、十四万多工人，然后进一步深入调查了纺织、面粉、卷烟等四十种工业的二百四十家工厂。调查的项目包括工人实际收入、计件和计时工资、工人生活史等十二个方面。2 月，与陈寅恪、朱自清、俞平伯等十二人联名发表《保障人权宣言》。5 月 4 日，西南联大宣告结束。6 月，国情调查研究所停办。9 月，前往美国参加普林斯顿大学成立二百周年纪念会，并在芝加哥大学讲学。同年，任国际人口协会副会长。是年，《战后的华侨国籍问题》发表于《正义报》〔1946 年 3 月 8 日（增刊）〕，《值得提倡的一种游学制度》发表于《东方杂志》（1946 年第 42 卷第 12 期）。出版《浪迹十年》（商务印书馆 1946 年版）。《现代中国人口论》（*Population in Modern China*）由美国芝加哥大学出版部发行。

1948 年 3 月，当选国立中央研究院第一届院士。6 月，参加了北平各院校教授 104 人联名抗议国民党军队在内战中对开封平民滥施轰炸、残杀师生的反动暴行。11 月，与朱光潜、朱自清等 46 人署名发表《我们对于政府压迫民盟的看法》。年底，拒绝了国民党政府用飞机接其南下的企图，坚守清华园，迎接北平的和平解放。

新中国成立后，陈达开始学习马克思列宁主义，认识到社会学的研究必须以马列主义、毛泽东思想理论为指导，对于资产阶级的社会学，"应该去其糟粕，取其精华，好的一部分应加以吸收，不好的部分要加以批判"。1952 年，他改任中央财经学院劳动经济专修科教授，一年后转任中国人民大学劳动经济专修科教授。次年，又改任中央劳动部劳动干部学校教授兼副校长，并被任命为中央劳动部保护司副司长，当选为北京市人民代表。他在中国人民大学校刊《教学与研究》以及其他杂志上发表了《上海工人的生活费（1929~1948 年）》《上海的劳资争议与罢工（1937~1947）》《如何进行专题调查与研究》等多篇调查报告和专论，提出在大专院校恢复社会学系科的建议，并多次从社会学的角度，提出计划生育和提倡晚婚的主张。后者与马寅初从经济学的角度提出的主张不谋而合。1957年5月，他在《新建设》杂志上发表《节育、晚婚与新中国人口问题》一文，再度论述推行节育和晚婚的重要意义和迫切性，并附列了《20个国家最近出生率》《日本出生率的下降》《云南呈贡结婚年龄》等国内外各种统计表共十八张以资说明。是年7月，"反右斗争"开始，他和马寅初同样受到错误批判。此后他不能上讲台和发表著作了，但仍保留了全国政协委员的职衔，后来又担任了全国文史资料委员会的委员。他继续从事人口和劳工问题研究，孜孜不倦地埋头整理和撰写，一直工作到去世，完成了一百五十多万字的《抗日战争和解放战争时期工人运动史》《解放区的工人生活状况》等多种著作。1975年1月26日，他在家擦浴时突逝，终年八十四岁。1979年7月，他和马寅初同时得到平反，恢复了名誉。

陈达治学谨严，一丝不苟，严肃认真，坚持调查实际的科学态度。他对所有调查资料，都要经过审核、复查、改正等步骤，然后再分类统计、列表。他为了弄清旧中国自然灾害对人口的影响，查阅了十几种古书典籍和近代资料，包括《古今图书集成》《通志》《通典》以及海关报告、华洋义赈会会刊以及其他报刊等，从而取得了从公元前200多年到抗战前两千多年来水、旱灾的发生次数，并得出比例数越往后越严重的规律性资料。他在学术研究上又得力于专一。他自从留美时选定社会学中的人口和劳工问题作为自己的研究方向后，半个多世纪来锲而不舍，几乎将自己所有的时间和精力都倾注于此。他曾说："我觉得一个人不容易通，我的办法是一条路，要走一条路才有成绩和贡献。"

汤用彤（1893~1964）

汤用彤，字锡予，湖北黄梅人，1893年6月21日（清光绪十九年五月初八）生于甘肃渭源书香世家。父汤霖，字雨三，号崇道，晚年号颐园老人，光绪十五年（1889）进士，署甘肃平番（今甘肃永登）知县。光绪十九年（1893）至光绪二十三年（1897）署渭源县知县。母梁氏亦为同乡大族。长兄用彬，字冠愚，号颇公，晚号大林山人。1897年，四岁随父在书馆中受教，"幼承庭训，早览乙部"，于历史兴趣尤浓。1908年，入北京天顺学校，同校中有梁漱溟、张申府，尝与之共读印度哲学及佛家经典。1911年3月19日，与吴宓考入清华学堂，二人意趣相投，很快成为挚友。1916年夏，毕业于清华学校，考入留美官费生，因眼疾未能成行。同年与黄冈张敬平结婚。1917年任清华学校国文课教师、《清华周刊》总编辑。本年，长子一雄出生。

1918 年夏，赴美国明尼苏达州汉姆林大学学习哲学。1919 年 6 月 19 日，入哈佛大学研究院主修哲学，与陈寅恪一起师从 L.Anman 教授学习梵文、巴利文。1922 年夏，获哈佛大学哲学硕士学位，旋即归国效劳，由梅光迪、吴宓力荐，受东南大学副校长、哲学系主任刘伯明之请，受聘为该系教授。1925 年为系主任。1926 年转任南开大学哲学系教授、系主任。1927 年夏，为中央大学哲学系教授、系主任。1930 年夏，受胡适之邀，任教于北京大学哲学系。1934 年任北京大学哲学系主任。

1937 年，七七事变爆发。7 月 24 日，北大全体教授就此发表宣言，痛陈日军暴行。北京大学、清华大学、南开大学决定迁往长沙，合组国立长沙临时大学。10 月，与贺麟、钱穆三人一起离开北平赴天津，从天津经海道至香港，再由香港至广州，由广州坐粤汉铁路火车几经辗转，于 11 月到达长沙。11 月 1 日，长沙临时大学开学，因文学院在南岳衡山，旋即转赴南岳。在临大文学院讲授"印度佛学""汉唐佛学"课程。12 月，在《燕京学报》第 22 期发表《中国佛教史零篇》。是年，完成《汉魏两晋南北朝佛教史》一书，手稿本共五册。

1938 年 1 月 1 日，于南岳掷钵峰作《汉魏两晋南北朝佛教史》跋文；20 日，经长沙临时大学第四十三次常委会决议，即日起放寒假，学校西迁昆明，师生并于3月15日前到昆明报到。2月，与冯友兰、贺麟、朱自清、陈岱孙等十一位教授同路，由长沙乘汽车出发，经广西，借道越南，至越南河内乘滇越铁路火车到昆明，于4月抵达昆明，暂住迤西会馆、全蜀会馆。4月2日，国立长沙临时大学更名为国立西南联合大学；19日，经常务委员会第五十八次会议决定，照准冯友兰辞去哲学社会心理教育学系主席，由汤用彤担任。因西南联大在昆明校舍紧张，乃于蒙自设立分校，文学院和法商学院在蒙自办学。是月，赴蒙自任教于文学院，与贺麟、吴宓、浦江清同住校外西式二层洋楼。与陈岱孙、姚从吾、冯友兰、陈序经等为蒙自分校图书委员会委员，召集人为陈岱孙。在蒙自，讲授"印度佛学概论""汉唐佛学"课程。6月，《汉魏两晋南北朝佛教史》由商务印书馆在长沙出版发行，该书一经问世，使佛教史"成为一门系统的科学而登上历史舞台"，一直被中外学者视为"中国佛教研究中最宝贵的研究成果"。[①] 8月1日，西南联大放暑假。月底，蒙自分校迁回昆明。然用彤与钱穆、姚从吾、容肇祖、沈有鼎、贺麟、吴宓仍留蒙自读书。10月29日，诸先生推用彤为赴昆明旅行团团长，

---

① 孙尚扬：《汤用彤》，东大图书股份有限公司1996年版，第42页。

汤用彤

共赴昆明。12 月 17 日，与蒋梦麟、钱穆、赵迺抟、郑天挺、罗常培、容肇祖等人致电胡适贺其生辰。

1939 年 1 月 14 日，杨向森在西南联大哲学讨论会演讲《孔孟精神之所在》，汤用彤与冯友兰、冯文潜等教授出席。7 月 11 日，经常务委员会第二六八次会议决定，同意用彤请假赴沪休养，哲学心理教育学系主席由冯友兰代理。在哲学心理学系讲授"印度哲学史"课程。在上海，与郑振铎、贺麟、许地山、林语堂等二十位学者发起"中国非常时期高等教育维持会"，参与主编开明书店出版的《文学集林》《学林》月刊等，支持学生创办文艺月刊》《杂文丛刊》等。本年度，《读〈人物志〉》发表于昆明《益世报》读书双周刊第119~112 期，旨在探讨魏晋玄学思想的渊源。长子一雄因阑尾炎手术麻醉事故而病故，年仅二十三岁。

1940 年初，接家眷来云南，并搬至宜良居住。1 月 20 日，《国立北京大学四十周年纪念文集》在昆明出版，其有两篇论文刊入其中，一是《魏晋玄学流别略论》，一是《向郭义之庄周与孔子》。4 月 29 日，中国哲学会第四届年会在云南大学会泽院举行，冯友兰教授任主席，汤用彤与沈有鼎、金岳霖、贺麟、郑昕等教授出席。10 月 23 日，经常务委员会第一五八次会议决定，当选为西南联大第三届校务委员会教授候补代表。12 月

17日，与姚从吾、郑天挺、罗常培联署致书胡适，为振兴北大学术，提出四项建议："设法使大学本科文学院教师与研究所融合为一，促进其研究之兴趣；聘请国内学者充研究所专任导师，除自行研究外，负指导学生之责；在现状之下酌量举办少数学术事业，如重要典籍之校订，古昔名著之辑佚，敦煌附近文物之复查等；研究所学生应先令其读基本书籍，再作专题研究，而优良学生于毕业后，学校应为之谋继续深造之机会"[①]。

同年，中国哲学会在昆明开年会，与胡适等当选为理事，并担任《哲学评论》编委。《汉魏两晋南北朝佛教史》获教育部学术研究一等奖（哲学类）。《南传念安般经》出版。指导学生王明研究道教，编成《〈太平经〉合校》，成为研究道教的必读资料。论文《读刘劭〈人物志〉》发表于《图书季刊》第2卷第1期。是年，在哲学心理学系讲授"佛典选读""中国哲学与佛学"课程。

1941年1月7日，在儒学会上演讲。2月6日，应北京大学文科研究所之请，讲《魏晋思想之发展》。6月，国民政府教育部颁布《部聘教授办法》，与陈寅恪、吴宓、冯友兰当选为第一届部聘教授。11月5日，

----

① 梁锡华编：《胡适秘藏书信选》，风云时代出版公司1990年版，第453~454页。

经常务委员会第一九六次会议决定，推定其与冯友兰为西南联大代表，出席在昆各学术团体共同发起的纪念泰戈尔追悼大会。本年，收杨志玖为研究生。发表论文《王弼大衍义略释》于《清华学报》第 13 卷第 2 期。本年度，在西南联大文学院哲学心理学系讲授"欧洲大陆理性主义""中国哲学与佛学研究"课程。

　　1942 年 7 月 15 日，应云南省省训团之请，演讲《中国之佛教》。10 月，由冯友兰主笔，汤用彤与雷海宗、郑天挺、陈序经、杨石先等各院院长及系主任共二十五人联名致函校常委，拒绝教育部给西南联大担任行政职务教授的特别办公费，并请将原信转呈教育部，书信中提到："同人等献身教育，原以研究学术、启迪后进为天职，于教课之外肩负一部分行政责任，亦视为当然之义务，并不希冀任何权利"①。20 日，与罗常培邀请朱自清演讲《宋诗的思想》。本年，写成《言意之辨》一文，由北京大学文科研究所油印散发，并未出版。该文"综论魏晋玄学的方法论，并从此视角比较了汉代经学与魏晋玄学的根本不同。文中解析王弼思想时，首次系统、明确提出'言意之辨'的概念，后来成为了学界通

---

　　① 《西南联大二十五名教授拒受特别公费致常委会信》，载北京大学等编：《国立西南联合大学史料》第 4 卷，云南教育出版社 1998 年版，第 537 页。

说"①。发表论文《印度哲学的精神》一文于《读书通讯》第41期，文章最后认为"在太平洋战争中，照印度的哲学精神说，他们决不可能轻视正义，对侵略者甘心屈服。反之，他们如何得到朋友的同情和辅助，在此次世界战争中，必能拒有强权而无公理之敌人，而对未来世界之永久和平必可有很大的贡献"②。本年度，在哲学心理学系讲授"欧洲大陆理性主义""中国哲学与佛学研究"课程。

1943年1月，论文《文化思想之冲突与调和》发表于《学术季刊》第1卷第2期；17日，与郑天挺谈北京大学文科研究发展之事；19日，致函胡适，强调学术研究为大学立足之本，加强学术研究的重要性。7月22日，经西南联大常务委员会第二六八次会议决定，汤用彤休假，辞去哲学心理学系主任职务，由冯文潜暂代。本年，论文《王弼圣人有情义》发表于《学术季刊》第1卷第3期；论文《王弼之〈周易论语〉新义》发表于《图书馆季刊》第4卷第1、2期合刊，系统阐明了"宇

① 赵建永：《汤用彤先生编年事辑》，中华书局2019年版，第200页。
② 赵建永：《汤用彤先生编年事辑》，中华书局2019年版，第201页。

汤用彤

宙构成论到本体论在汉魏之际的转变"①；论文《向郭义
之庄周与孔子》发表于《哲学评论》第 8 卷第 4 期。是
年，爱女一平因患肾病去世。儿子一介从西南联大附中
读完初二，进入重庆南开中学读高中。

1944 年 2 月 16 日，与冯友兰就培养印度留学生计划
致函校常务委员会。3 月，与冯友兰、陈寅恪等被中山大
学文科研究所聘为名誉导师。6 月 12 日，演讲稿《魏晋
思想的发展》发表于《中央日报》第 3 版。7 月 3 日，演
讲稿《魏晋思想的发展（续）》发表于《中央日报》第 3
版。8 月 9 日，经西南联大常务委员会第三〇七次会议决
定，再次担任哲学心理学系主任。11 月 8 日，校常务委
员会讨论其与冯友兰制定的印度留学生急于毕业的两条
办法。《汉魏两晋南北朝佛教史》编入"佛学丛书"，
在重庆商务印书馆再版。论文《隋唐佛教之特点》发表
于《图书月刊》第 3 卷第 3、4 期，文章认为"隋唐佛教
之所以能发展到巅峰，是因为具备四种特性：一是统一
性，二是国际性，三是独立性，四是系统性"②。

1945 年年初，子一介由重庆南开中学高中未读完回
到昆明。1 月 15 日，经常务委员会第三二二次会议决

① 赵建永：《汤用彤先生编年事辑》，中华书局 2019
年版，第 208 页。
② 赵建永：《汤用彤先生编年事辑》，中华书局 2019
年版，第 208 页。

定，代冯友兰为文学院院长；17日，代冯友兰出席常务委员会第三二三次会议；24日，代冯友兰出席常务委员会第三二四次会议。2月7日，代冯友兰出席常务委员会第三二五次会议；21日，代冯友兰出席常务委员会第三二六次会议；27日，代冯友兰出席常务委员会第三二七次会议。3月13日，代冯友兰出席常务委员会第三二八次会议；22日，代冯友兰出席常务委员会第三二九次会议。4月2日，与吴晗、雷海宗、郑天挺、罗庸、姚从吾、闻一多、唐兰等一起参加西南联大学生李埏与赵毓兰的婚礼；10日，代冯友兰出席常务委员会第三三〇次会议。5月24日，与冯友兰、贺麟三人为"西洋哲学名著编译委员会"事致函胡适。6月，蒋梦麟被任命为国民政府秘书长，汤用彤经北大教授会推举为北大代理校长。夏，参加哲学系学生毕业茶会。学生杨祖陶来拜访，汤借线装书《高僧传》给杨祖陶阅读。8月中旬，与周炳琳、张景钺、毛子水四人联名发电报给胡适，劝其早日回国，规划发展北大；20日，应基督教青年会之请，讲《中国佛教之性质及演变》。9月20日，与冯友兰等出席校务会第八届第一次会议。10月1日，与朱自清、李继侗、吴之椿、陈岱孙、闻一多、钱端升、陈序经、张悉若、周炳琳一起致电蒋介石和毛泽东，希望结束一党专政，建立联合政府。11月21日，代傅斯年出席常务委员会第三五四次会议；26 日，出席校务会第八届第三次会议；28 日，代傅斯年出席常务委员会第三五五次会议及校务会第八届第四次会议。12 月1 日，出席校务委员会第八届第五次会议；3 日，出席校务委员会第八届第六次会议；6 日，出席校务委员会第八届第七次会议；31 日，傅斯年出席常务委员会第三五八次会议。本年度，《印度哲学史略》由重庆独立出版社出版，本书系历年讲义修改而成。在哲学心理学系讲授"印度哲学史""大陆理性主义"课程。

1946 年 2 月 23 日，与冯友兰、陈序经、王力、向达、朱自清等西南联大一百一十名教授发表对东北问题宣言，强调："中国领土必须完整，主权必须独立。"3 月 26 日，因著名史学家冯承钧仙逝，特与姚从吾、闻一多、吴晗、雷海宗、向达等教授发起捐助冯承钧家属活动。5 月 4 日，西南联大宣告结束；22 日，傅斯年出席常务委员会第三七五次会议，并决定"梅贻琦离校期内，其常委职务由汤用彤暂行代理"；29 日，经常务委员会第三七六次会议决定，因其因公离校，哲学心理学系主任由贺麟暂行代理。7 月 15 日，闻一多在西仓坡被刺杀后，与冯友兰、金岳霖、周炳琳等三十四位教授联合上书教育部朱家骅部长转呈国民政府严正抗议特务的卑劣行径，请求追查凶犯及主使人，从速处理，以平公愤。^① 7 月 31 日，西南联大正式解散，汤用彤随北大复员回北平。9 月 5 日，《谈北大文学院概况》发表于《华北日报》第 3 版；20 日，被聘为北京大学文学院院长兼哲学系主任。本年度，在西南联大文学院哲学心理学系讲授"魏晋玄学""印度佛学通论"课程。

1947 年夏，应加利福尼亚大学之请，赴美讲学，授"中国汉唐思想史"。本年当选中央研究院第一届院士。

1948 年，婉拒哥伦比亚大学邀请，毅然决定回国。9 月到北平。

1949 年 1 月，解放军进驻北平，被推选为北京校务委员会主席。7 月 28 日，与丁西林、马叙伦等中华全国第一次教育工作者代表会议筹委会常委向毛主席、朱总司令致电。9 月 21 日，与叶企孙等出席了中国人民政治协商会议第一届全体会议。1952 年，全国院系调整，北大迁至西郊，汤用彤出任主管基建、财政的副校长。1959 年，当选为全国人民代表大会代表、第三届全国政协常委。1960 年，《印度哲学史略》由中华书局重印。1964 年 5 月 1 日，因心脏病病逝。

<hr>

① 赵建永：《汤用彤先生编年事辑》，中华书局 2019 年版，第 234 页。

李景汉（1894~1986）

李景汉，北京人，社会学家，社会调查专家，中国近代社会调查的奠基人之一，中国民主同盟盟员、民盟中央文教委员会委员。1894 年 1 月 22 日，出生于北京郊区的一户农民家庭。1912 年，毕业于北京通县潞河中学，同年考入北京协和学院，至 1916 年毕业。1917 年，留学美国。1920 年，获伯玛拿大学学士学位。1922 年，获加利福尼亚大学硕士学位。1922 年至 1924 年，就读于哥伦比亚大学，专攻社会学及社会调查研究方法，获得硕士学位。

1924 年，学成归国，投身于中国社会学研究和调查。给自己定下了三条规矩：一不做官，二不经商，三不给军阀当爪牙。任北京社会调查社干事。1926 年，任中华教育文化基金社会调查部主任，兼中国《社会学》杂志编辑，并在燕京大学兼任讲师，讲授"社会调查研

究方法"等课程，指导学生到郊外作农村调查。发表
《京兆农村的状况》（1926）一文，出版《北平郊外之
乡村家庭》（1929）一书。研究重点在于都市下层平民
生活调查，相继发表《中国人的普通毛病》（1924）、
《北京人力车夫现状的调查》（1925）、《妙峰山朝顶
进香调查》（1925）、《二十五年来北京生活费用的比
较》（1926）、《北京无产阶级的调查》（1926）、
《北京的穷相》（1927）等十多篇调查报告和文章。曾
有人送一副对联戏称其研究是"谈笑无鸿儒，往来有白
丁"，他自己幽默加上一个横批是"我行我素"。

　　1928 年，应中华平民教育促进会之请，在定县开展
社会调查工作。1930 年，第二次进入定县调查，并在此
基础上写成《定县社会概况调查》，成为调查样本，为
当时我国县区社会调查最详细的报告，受到国内社会学
家的称赞。《定县社会概况调查》是李景汉的主要代表
作。这本书之所以在中国社会学史上具有重要地位，在
于它是中国首次以县为单位的、系统的实地调查成果。
该书于 1932 年编定，1933 年出版，全书十七章。这本
八百二十八页的巨著，有三百一十四个表格、六十二张
照片，内容涉及定县的地理、历史、县政府和其他地方
团体、人口、教育、健康与卫生、农民生活费、乡村娱
乐、乡村的风俗习惯、信仰、赋税、农业、工商业、农

李景汉

村借贷、灾荒、兵灾等方面。

1934年，受清华大学社会学系之聘，任教授。主要讲授"社会研究法入门""初级社会调查""高级社会调查"等课程。1936年，发表《定县土地调查》，明确提出了解决农村土地私有制问题，"总之，我们不能不承认土地问题是农村问题的重心；而土地制度即生产关系，又是土地问题的重心；其次才是生产技术及其他种种的问题。若不在土地私有制度上想解决办法，则一切，其他努力终归无效；即或有效，也是很微的一时的治标的。一个政府是不是一个革命的政府，一个政党是不是一个革命的政党，和一个人是不是一个革命的人，很可以从对于土地制度的主张来决定"，从而表明了拥护中国共产党的主张。

1935年，国难深重，青年学子身处危城。就在一二·九运动爆发的前夕，李景汉对学生做了一次讲演，题目是《深入民间的一些经验与感想》。他讲道："现在到农村去的青年太少太少，希望诸位同学多有人到民间去，从事唤醒民众、训练民众、组织民众的工作。假定你觉得你自己是英雄，而无用武之地，最好到农村去，那里定有你用武之地，各方面的工作都需要人才。在没有去之先，最好先准备自己，先认识民众。清华附近都是农村，可以先从近处入手认识民众。……凡有志愿到农村去的同学都有与农民接近的机会，若有人能在课余之暇每月匀出些工夫来做些农村服务的工作或在经济方面有所补助，是值得的。凡事要从大处着想，远处着想，但可以从小处或近处着手，努力做些实际工作。"①

　　1937 年，七七事变爆发，中国陷入空前的危机和灾难。位于平津的北京大学、清华大学、南开大学被迫南迁长沙，组成长沙临时大学。李景汉随清华大学迁至长沙。在临大，于历史社会学系讲授"初级社会调查""高级社会调查"，发表《读书的要点》一文（《新中学生》1937 年第 1 卷第 1 期）。1937 年 12 月 13 日，南京沦陷，武汉告急，长沙岌岌可危。于是，长沙临时大学决定西迁昆明。1938 年 4 月，国立长沙临时大学更名为国立西南联合大学。因历史社会系在蒙自，李景汉随校文法学院至蒙自。在蒙自分校，担任学生生活指导委员，讲授"初级社会调查""高级社会调查"。1938 年 8 月 23 日，蒙自分校结束，随文法学院迁往昆明。1938 年至 1939 年，在文学院历史社会学系讲授"社会研究法入门""高级社会调查"。1939 年至 1940 年，在文学院历史社会学系讲授"社会研究法

---

　　① 清华大学校史研究编：《清华人物志》第 3 辑，清华大学出版社 1995 年版，第 95~96 页。

李景汉

入门""初级社会调查""高级社会调查"课程。1940年至1941年，在法商学院社会学系讲授"社会机关参观""社会研究法入门""初级社会调查""高级社会调查"课程。1941年至1942年，在法商学院社会学系讲授"初级社会调查""高级社会调查"课程。1942年至1943年，在法商学院社会学系讲授"社会研究法""社会调查"课程。

是年，发表论文《从定县人口总调查所发见之人口调查技术问题（附表）》（《社会科学（北平）》1937年第2卷第3期）、《读书的要点》（《新中学生》1937年第1卷第1期）。

1938年，在蒙自时，还率领学生到个旧锡矿作社会调查。与蒙自社会局长商妥，介绍陈达等人去夷人区参观调查。8月24日，在云南省中学师范教员暑期讲习讨论会演讲《国势清查问题》。

冬，参加中央赈济委员会组成的滇西考察团，考察滇西的民族、地理、物产，考察归来后，应陈达之请加入清华大学国情研究所，指导社会调查。

1939年2月12日，出席呈贡委员会成立大会。6月26日，为慰劳西北战地服务团，捐国币十元。

1940年4月30日，应西南联大社会学会之请，演讲《实地社会调查在今日中国之需要及促其早日实现之途径》。11月26日，出席社会学会在新校舍召开迎新大会，系主任陈达演讲。

本年度，发表论文《摆夷人民之生活程度与社会组织：摆夷之生活程度》（《西南边疆》1940年第11期）。

1941年，与吴泽霖、李树青、戴世光等教授率领社会学系学生赴呈贡参观。5月16日，应昆明广播电台之请，演讲《对于中国现实社会的认识》（后发表于《云南日报》第4版）。

是年，发表论文《社会调查与建国工作》（《云南日报》1941年1月26日第2版）、《呈贡县动态人口调查的实验》（《当代评论》1941年第1卷第2期）、《社会调查与社会计划》（《时代精神》1941年第3卷第4期）、《凉山罗罗的氏族组织：一个实地调查的介绍》（《边政公论》1941年第1卷第3~4期）、《边疆社会调查研究应行注意之点》（《边政公论》1941年第1卷第1期）。

1942年3月1日至3日，参加人口政策研究委员会组织的会议，任该会驻昆委员。与陈达、吴泽霖、潘光旦、庞京周委员共同讨论并议决相关问题：

（一）人口政策之远大目的；（二）人口政策之基本原则；（三）人口政策之范围内容。该会驻昆委员如下：庞京周（红十字会医师）、李景汉、潘光旦、吴泽霖及陈达。谷叔常部长来函，以陈达为召集人。余陈达等四人（庞因公往弥渡）在西仓坡开会三日（三月二十八至三十），并约本系研究院学生戴震东做记录员。讨论项目如下：（一）修正渝会所讨论各项并加人口政策之事实根据作为第二项。（二）对于人口政策之实施方案有下列的建议：（甲）关于教育：余等以为我国学校自小学中学至大学俱应增加关于人口问题的常识及课程。（乙）关于社会立法：余等以为我国的社会立法，应增加或修改关于婚姻及低能与疯狂的法律。（丙）关于增设机关：暂设人口政策委员会以资计划，由社会部主持，但与主计处及内政部取得联络。于不久的将来，设人口署隶属于行政院，掌计划、研究、实施各要政。关于生育及品质，主张设婚姻指导所，关于增进社会健康，主张设保健院。[①]

5月30日上午9时，云南省政府民政厅社会处福利处敦请联大社会系李景汉演讲，讲题为《社会调查研究与社会行政的关系》，包括要点如下："一、调查的意义：社会调查是以有系统的科学方法调查社会的实际状况，最后整理分析所得的材料，发现社会显著的问题，

---

① 陈达：《浪迹十年之联大琐记》，商务印书馆2013年版，第331~332页。

根据问题，计划解决之方案，交给负责的人实施。二、调查的方法：（一）普查：即举行社会现象一般情形而调查；（二）选样调查：即以选样法，调查一部分情形而推知全体情形；（三）备案调查：即以一人、一家或一村为单位，做详细精密的调查。社会调查工作为现代化及建设的基本工作，任何建设事业须经过调查研究、实验及推广四步骤，如此建设的具体办法才能与社会需要相适合也。"①

7月20日，参加人口政策委员会召开的会议，会议内容如下："（一）建议社会部定于今年寒假期内举行大会。（二）本组提出下列各实施方案：（甲）人口统计，（乙）扶植边区人口，（丙）提高生活水准，（丁）禁止堕胎，（戊）提倡两性社交。（三）建议关于人口品质、移民各问题，应请重庆组加拟实施方案。（四）建议加聘戴世光、李树青两兄为本组委员。"22日，与陈达、曾昭抡、吴泽霖等教授出席某集团军在西南联大昆北食堂举行的边疆座谈会。

9月24日，与潘光旦、吴泽霖、陈达一起出席社会部召开的社会行政计划委员会第一次会议。10月18日，会议决定关于训练社会行政人才案由李景汉与吴泽霖二

---

① 《社会处昨请李景汉演讲》，昆明《中央日报》1942年5月31日第3版。

人负责起草。10 月 21 日，与陈达、吴景超、潘光旦、钱端升、傅尚霖、吴泽霖等出席清华大学毕业生留瑞比法同学会的公宴。

本年度，发表论文《摆夷的摆》（《边政公论》1942 年第 1 卷第 7~8 期）。

1943 年 1 月 14 日，宋希濂以滇西战时工作训练学校学生即将毕业为由，请李景汉等教授莅校讲学。2 月 11 日，出席中国社会学学社年会昆明分会，并宣读《战后农村问题》论文。

6 月，与吴泽霖合编的《社会调查》，由重庆中央训练团党政高级训练班出版。该书分为六个部分。第一部分系作者的实地考察报告，包括游击区乡村、作战区乡村、后方乡村及边区乡村的概况，分类得当，涵盖较为全面；第二、三部分主要以县、乡为调查单位，较之前的村单位又进了一步；第四部分着重强调在前面调查的基础上对所发现问题的分析；第五部分是人口的分析，从两方面展开，即静态方面和动态方面；最后一部分相当于附录，摘录了有关人口调查的资料。

11 月 3 日，中国社会科学会昆明分会，在云南大学举行第一次年会，宣读论文。

本年度，发表论文《学术的旅行》（《旅行杂志》1943 年第 17 卷第 10 期）、《战后农村建设问题的讨论》（《当代评论》1943年第3卷第11期）。

1944年，由清华大学派送赴美国国情普查局进修，曾实地参加美国农业人口普查。

1945年，发表论文《社会调查》（《社会建设（重庆）》1945年第1卷第3期）、《对于昆明市工商团体的检讨》（《社会建设（重庆）》1945年第1卷第4期）。

1947年，出席在纽约召开的国际人口会议，代表中国发言，并加入美国人口学会。这一年，他也开始在联合国粮农组织统计专家室工作，曾赴日内瓦参加世界农业普查会议。为筹备预定于1950年举行的世界农业普查会议，他还以专员身份至东南亚地区考察，并兼任东南亚许多国家的农业普查顾问。1949年，以联合国专家身份在南京普查训练班讲授普查方法，尔后从南京回到了获得解放的北京。

中华人民共和国成立后，任辅仁大学社会学系教授兼系主任。1952年，院系调整、社会学系被取消后，主要从事统计学教学和研究，历任北京财经学院教授、北京经济学院教授、中国人民大学计划统计系教授。1956年秋，应当时《人民日报》总编邓拓之请，重新调查他三十年前调查过的北京郊区的一些村庄。为期三个多月实地调查的成果，一部分以《北京郊区乡村家庭生活今昔》为题，从1957年春节起在《人民日报》连载三天。文章通过今昔对比，热情歌颂社会主义，并在反映农民经济生活和精神生活等可喜变化的同时，也指出了合作化后存在的一些问题。这篇文章在社会上引起了极大的反响。广播电台等或向他约稿，或邀他作"今昔报告"。人民大学成立了由他主持的社会调查研究室。薛暮桥请他参加筹备一个由国家统计局、科学院和人民大学联合组成的社会调查团，计划在无锡、保定两地作重点调查，但是反右派斗争的暴风雨，使他不得不沉默20多年。北京郊区的调查令人痛心地成了他一生中最后一次调查。这次调查的大部分材料直到1981年才以《北京郊区乡村家庭生活调查札记》为题，由三联书店出版。1958年初，他被错划为"右派分子"，1979年5月得到改正。1979年被聘为中国社会学研究会顾问，1984年底被聘为中国人民大学社会学研究所顾问。在1985年1月22日中国人民大学为祝贺他执教60周年、诞辰90周年的座谈会上，他表示相信：总有一天，中国社会学将在世界上居于执牛耳的地位。

1986年9月28日，李景汉病逝于北京。

陈国符（1914~2000）

陈国符，工业化学家和教育家，《道藏》研究领域及中国炼丹史的著名学者与权威，江苏常熟人，1914 年农历十月十四日（公历 11 月 30 日）生。祖父陈苑卿，居乡有隐德。父陈熙诚，字斐伯，清宣统三年（1911）夏毕业于江苏高等学堂，经学部复试为各省高等学堂毕业生最优等十四名之一，被授予举人出身，为七品小京官。辛亥革命后回乡办学，曾任常熟归义乡教育会会长、县学务委员、常熟市乡财政委员会委员。母吴静贞，出身江阴名门。

1932 年夏，陈国符毕业于江苏江阴县南菁中学，在这里打下良好的英文及数理化基础，成绩名列前茅。后考入国立上海医学院，又考取上海交通大学电机工学学院备取生，因病休学。1933 年，考取国立浙江大学化工系。1937 年夏，毕业于杭州浙江大学化工学系，获工学学士学位，中途曾因病休学。后往德国留学，在德国达城（Darmstadt）工科大学纤维素化学专业学习研究，又到德国达姆施塔特工业大学（Techniche Hochschule Darmstadt）攻读纤维素化学，师从耶姆（G. Jayme）教授。因在浙江大学学习过德文，故而在德学习如鱼得水。1939 年，获特许工程师学位（硕士学位）。旋攻读博士学位，1942 年初获得工学博士学位，为我国留德第一批工学博士之一。

是年回国，任教西南联大。3 月 25 日，被聘为工学院化学工程系副教授，月薪"叁佰肆拾元"。受其父影响以及家庭藏书的熏陶，走上研究《道藏》之路。1942 年，他在昆明龙泉镇北京大学文科研究所得见浩如烟海的《道藏》藏书，深感该领域学界未曾有过研究，遂决心研究《道藏》。本年度在工学院化学工程系讲授"工业化学"课程。

1943 年 5 月 19 日，出席西南联大教授会会议三十一年度第二次会议，商讨生活维持问题。10 月，撰成《道学传辑佚》。11 月 17 日，出席三十二年度第一次会议。本年初即半周在昆明市内授课，半周住龙泉镇北京大学文科研究所研究《道藏》。是年，撰成《道藏源流考》初稿。同年，成为西南联大最年轻的教授之一。本年度，讲授"造纸与人造丝""工业化学"等课程。

1944 年 10 月 26 日，出席西南联大教授会会议三十三年度第二次会议。11 月 1 日联大校庆，为工学院学生自治会壁报撰写《论大学与科学研究》一文（收录于《陈国符先生传略》），主张按照严格的科学方法进行教育，派遣优秀学生留学学习先进的科学技术，并将外文书籍译为中文，最终解决中国"科学独立"的问题。12 月 5 日，出席西南联大教授会会议三十三年度第三次会议。本年度，讲授"补充工业化学""工业化学""造纸与人造丝"等课程。

1945 年 7 月 17 日，出席西南联大教授会会议三十三年度第四次会议。同年，北平图书馆馆长袁同礼请罗常培先生推荐佳作纳入北平图书馆丛书，交中华书局出版。《道藏源流考》被推荐，却因种种原因未出版。本年度，讲授"化学德文""工业化学""造纸与人造丝"等课程。

1946 年 4 月 12 日，出席西南联大教授会会议三十四年度第十一次会议。5 月 4 日，西南联大结束办学，陈国符到资源委员会工作，因清闲，几乎每日下午皆往金陵大学图书馆翻检全国方志；往国学图书馆与泽存书库翻阅宋金元明清文集，道教名山志、宫观志，摘录历代各道藏与道书庋藏处，增补入《道藏源流考》稿中。

1949 年，北平和平解放，作为知识界人士代表受到周恩来总理接见。1952 年全国院系调整，调天津大学化工系任教。2000 年，病逝于天津。

邵循恪（1911~1975）

邵循恪，字恭甫，福建福州人，其先世由赣入闽，为盐商，遂大富。祖父邵积诚，同治戊辰（1868）科进士，入翰林，光绪二十二年至二十七年（1896~1901）任贵州布政使，曾一度署理贵州巡抚。父邵叔焕，全闽大学毕业生，一生沉浮小职员。母亲陈章贞，进士陈宝瑨女。邵循恪生于清政府覆亡、民国初建的动荡时期，家道中落，幼年由"四书"启蒙，1926 年就读于北平清华学校，与兄邵循正（著名历史学家）同就学于政治学系，主攻国际法和国际关系，是清华学校政治学系始建后的第一批学子。1930 年，邵循恪就读于清华研究院法科政治研究所，并于 1933 年成为此院首批毕业生，后因成绩优异留美，继续攻读国际关系及国际法，获得芝加哥大学博士学位。1933 年以 "The Clausula of Rebussic Stantibus" 论文研究生毕业。

抗日战争开始之后，邵循恪于 1939 年归国受聘于西南联大，任法商学院政治系教授，开设"国际公法判例"等课程，与其他教授一起培养出陈体强、端木正等著名法学家。10 月，在独立出版社出版《美国修改中立法》。是年发表论文《最近欧洲疆界问题》（《今日评论》1939 年第 1 卷第 17 期）。

1940 年发表论文《傀儡组织与伪约》（《今日评论》第 4 卷第 24 期）。1941 年发表论文《苏联的远东政策》（《今日评论》第 5 卷第 8 期）、《罗斯福的远东政策》（《今日评论》第 5 卷第 12 期）、《德国的远东政策》（《今日评论》第 5 卷第 4 期）。是年，《今日评论》停刊后，开始活跃于《当代评论》，发表论文《美国中立法问题》（《当代评论》第 1 卷第 21 期）、《战后的世界问题》（《当代评论》（第 1 卷第 3 期））。

1941 年，鉴于卢沟桥事变以来，中日战事发生不少国际法问题，且日本国际法名家东京帝大教授立作氏，已就日本观点写成《国际法与支那事件》，然而国内除少数宣传品外，毫无系统性研究。于是，邵循恪草拟了《国际法与中日事件研究计划》，希望研究中日战争与国际法问题，帮助中国抗战。

1942 年 7 月，招收本校毕业生罗应荣为研究生。7 月 30 日，出席西南联大三十年度第四次会议，商讨同人生活问题。是年，发表论文《新世纪的中国外交》（《当代评论》第3卷第1期）、《中国宣战以后》（《当代评论》第2卷第2期）。

1943年，参与《当代评论》杂志关于战后经济问题座谈会，讨论战后中国应有的对外经济政策。5月19日，出席西南联大三十一年度第二次会议，讨论昆明市物价上涨，如何维持生活的问题。7月15日，出席三十一年度第二次会议，讨论学生学业等相关问题。11月17日，出席三十二年度第一次会议。是年，发表论文《论废除不平等条约》（《战士月报》创刊号）、《莫斯科会议与四国宣言》（《当代评论》第4卷第1期）、《英美政党的比较研究》（《组织》第1卷第2期）。

1944年，因婚姻问题受刺激，病倒重庆，兄长邵循正赶往重庆照顾。12月11日，在《正义报》发表《百年来建军与客卿》。是年，发表论文《苏波疆界问题》（《当代评论》第4卷第8期）、《美国对华限制移民法案的废止》（《当代评论》第4卷第7期）。

1945年6月28日，出席清华研究所政治学部国际法组学生罗应荣毕业初试。7月17日，出席三十三年度第四次会议，商议学生毕业和学生应征从军。11月29日，出席三十四年度第二次会议。12月2日，出席三十四年度第三次会议；12月4日，出席第四次会议。12月10

日，出席三十四年度第五次会议，讨论一二·一惨案严惩凶犯及主使人问题。

1946 年 5 月 10 日，出席三十四年度第十二次会议。7 月 18 日，与周炳琳等教授致信教育部长朱家骅，就闻一多先生被害，请求政府缉拿真凶、严惩主使。

抗日战争结束之后，邵循恪任清华大学法学院政治学系兼法律学系教授，也曾在武汉大学任教。

在教书育人期间，邵循恪仍为抗战救国不懈奔走，曾任昆明讨论会研究委员会委员，并在《当代评论》周刊撰文讨论时政，多次参与西南联大、昆明广播电台、中国国际同志会等多个组织举办的国际关系问题讲座，发表《第二次世界大战与国际法》《国际和平组织的过去与未来》等演讲，为民众重拾理性与信心。活跃于《今日评论》周刊，关注世界局势的发展。

作为一名政治学家及国际法学家，邵循恪为中国的政治学及国际法学作出了开创性的贡献。他将国际法的研究与时局紧密结合，并在对西方民主国家的歌颂浪潮中敢于提出与大多数学者不同的观点，在抗战的热情中不忘保持理性和冷静，实为难得。其著述主要有《国际法上的情势变迁主义》（*The Clausula Rebussic Stantibus*，英文，1934 年）、《最近欧洲疆界问题》（1939 年）等。

1975 年，邵循恪逝世。

邵循恪

邵循正（1909~1972）

邵循正，字心恒，清宣统元年（1909）生于福州，是享誉国内外的蒙古史、中国近代史学者，精通波斯文、法语等。祖父邵积诚，同治戊辰（1868）科进士，与陈宝琛同年入翰林；光绪年间曾一度署理贵州巡抚。父邵叔焕，小职员；母陈氏，进士陈宝瑨之女。邵氏兄弟六人，姐妹三人，循正居长。不久，家道中落。由母陈氏启蒙，读"四书"。五岁入私塾，习经史。民国十三年（1924），考入英华书院，两年未满，遂已毕业。中学时，常读《圣经》，以为英文课本，认为此书英文俱佳，为了解西洋文化之必读。民国十四年（1925）冬以优异成绩中学毕业，翌年初考入福建协和大学；夏，与弟邵循恪改投清华学校政治系，主攻国际法和国际关系。是年，邵循正十七岁，而弟循恪仅十五岁，为全班全校年少者。1930年，入清华大学研究院，改习历史。其硕士论文《中法越南关系始末》洋洋二十万字，被选刊于清华大学研究院毕业论文丛刊。1934年由清华大学派往法国留学。在巴黎法兰西学院、东方语言学院师从伯希和研攻蒙古史，学习波斯文，次年转入德国柏林大学研攻蒙古史一年有余。1936年，由法回国，被聘为清华大学历史系讲师，讲授"蒙古史"。

1937年，七七事变后，清华大学南迁，邵循正随校只身来长沙，并至衡山文学院上课。国立长沙临时大学西迁昆明，邵循正随广大师生南行至广州，经香港乘船到海防，由滇越铁路至昆明，4月至联大蒙自分校。后蒙自分校结束，迁往昆明，租住唐家花园。1937年至1938年，在长沙临时大学讲授"近代中国外交史"。在西南联大开设必修课和选修课多门，分属中国近代史和蒙元史两大类。

1939年5月13日，出席二十七年度第一次会议。6月，被聘为教授，并参加由西南联大与北平图书馆合作之中日战事史料征集工作。10月13日，出席二十八年度第一次会议。1938年至1939年度，讲授《蒙古史研究》《近代中国外交史》。

1940年3月8日，出席二十八年度第二次会议。6月8日，经西南联大廿八年度第一次教授会选举为清华教授会书记。8月16日，出席二十八年第三次会议；10

月 11 日，出席二十九年第一次会议。1939 年至 1940 年度，讲授"近代中国外交史""波斯文""西域史料选读"等课程，在师范学院国文系讲授"中国近代史"。是年，发表论文《中国现代化问题》（《云南日报》1940 年 12 月 1 日第 2 版）。

1941 年由于物价上涨，与蔡维藩等 54 名教授提议召开教授大会共商解决生计办法。同年，经梅贻琦订立研究计划，邵循正与张德昌负责地方经济文化史科。彼时任《清华学报》主任。9 月，介绍毕业生王逊到云南大学文法学院文史系任教。9 月 17 日，经廿九年度第四次教授会选举，为清华教授会书记。10 月 8 日，出席三十年度第一次会议；12 月 13 日，出席三十年度第二次会议。1940 年至 1941 年度，在历史系讲授"中国近世史""近代中国外交史"。是年，发表论文《美日外交谈判》（昆明《中央日报》1941 年 8 月 29 日第 2 版）。

1942 年，应昆明广播电视台之邀，作《中国与越南》的学术演讲，及应西南联大北京文科研究所之请，演讲《语言的发展》。5 月 9 日，应北京大学文科研究所之请，演讲《语言发展》。5 月 21 日，出席三十年度第三次会议。5 月 24 日，应西南联大国际情势讲演会之请，演讲《世界大战与国际法》。7 月 15 日，出席三十年度第四次会议。7 月 30 日，出席三十年度第五次会议，议决：由教授会所选本届校务会议代表负责开会商讨关于同人生活困难之解决，及早拟定进行办法。同日，经西南联大卅年度第二次教授会选举为清华教授会书记。9月28日，被中法大学聘为兼职教授。11月26日，出席三十一年度第一次会议。11月27日，应西南联大文史学会之请演讲《元代的文学与社会》。1942年，历史系学生许令德与丁则良结婚，写"同灯观史"条幅贺婚。同年，指导学生方龄贵写《元上都考》，指导傅乐淑写《元明汉籍中所记蒙古色目人的生活》研究报告。1941年至1942年，在历史系讲授"中国近世史"。

1943年春，赴重庆参加历史学会议。5月19日，出席三十一年度第二次会议。5月20日，在史地演讲周讲《元世祖》。7月15日，出席三十一年度第二次会议。8月25日，应云南省地方行政干部训练团之请演讲《中国藩属制度》。9月1日，经西南联大三十一年度第二次教授会选举为清华教授会书记。11月17日，出席三十二年第一次会议，商议四年级各系男生均应参加通译人员训练问题。本年，在西南联大一次学术讲座中，作题为《元遗山与耶律楚材》的演讲，随后演讲《语言与历史——附谈〈马可·波罗游记〉》的历史价值，说明语言知识与历史考证的关系密切的问题。同时，应教育部函邀对亚美尼亚人多桑之《多桑蒙古史》作出鉴定，认为《多桑蒙古史》最大价值为采用西域即波斯、阿拉伯史料，是治蒙古史的权威之作；指出其最大不足，系多桑不谙汉文，书中引用汉文资料人名多有错误。12月25日，在西南联大时事座谈会上第一次发表对时局的看法，其他发言者有周炳琳、蔡维藩、孙毓棠、雷海宗等。1942年至1943年度，在历史系讲授"中国近世史""蒙古史研究"等课程。1943年，以邵心恒之名发表论文《元代的文学与社会》（《图书月刊》1943年第3卷第3期）。

1944年1月2日，应文史学讲演会之请，讲《中西文化的初期接触》。2月24日，经西南联大三十二年度第一次教授会选举为清华教授会书记。5月3日，西南联大纪念五四座谈会，讨论"五四运动历史的认识"，邵循正出席指导。5月4日，与雷海宗等教授应云南省文化运动委员会之请，演讲"五四运动面面观"。7月8日，出席壁报协会等团体举行的"七七"时事座谈会。8月20日，出席邱清泉军长等举行的座谈会讨论"目前形势与中国反攻问题"。

1943年至1944年度，讲授"中国近世史""史籍名著（西方学者中国史地论文）"等课程。是年，发表论文《民治在中国的前途》（云南《民国日报》"星期论文"1944年6月18日第2版）、《胜不足喜败不足忧》（《正义报》1944 年 8 月 6 日第 2 版）。

1944 年 7 月 7 日，在西南联大、云南大学、中法大学、英语专科学校联合举行的"纪念抗战七周年"时事座谈会上积极发言，与会者两千人群情激奋，是"皖南事变"以来，昆明学界第一次大规模的群众集会。7 月 8 日，出席三十二年度第二次会议；12 月 5 日，出席三十三年度第三次会议。同年，在《中央日报》"星期论文"栏上发表《论觇国》，指出日本已出现必败的预兆。这是他唯一一篇政论性论文。是年，发表论文《蒙古的名称与渊源》（《史学园刊》1944 年 2 月 18 日）、《美国与新国际组织》（《正义报》1944 年 10 月 29 日第 2 版）。

1945 年 3 月 6 日，基督教昆明女青年会举办"国际问题系统讲演"，邵循正被邀为主讲人之一（其他主讲人有曾昭抡、刘崇鋐、王赣愚、雷海宗、蔡维藩、伍启元、冯至、孙毓棠、吴晗等）。4 月 18 日，应基督教青年会之请，讲《历史背景与第四法兰西共和国》。5 月 9 日，与吴晗、刘崇鋐、闻一多、周新民教授围绕欧洲战局和战后处理以及对远东战局的影响等问题发表意见。5 月 31 日，应云南省文化运动委员会之请，演讲《中国之现代化》。7 月 17 日，出席三十三年度第四次会议，讨论学生应征从军等事项。8 月 15 日，日本宣布无条件

邵循正

投降，二战结束。应英国文化委员会邀请，与孙毓棠、洪谦、沈有鼎四教授赴牛津大学访问讲学一年。其间邵循正曾应邀在英国瑞亭大学就《文明往哪儿去？——国际政治前途问题》议题做主讲人，发表他作为中外关系史专家独到的预见。他认为："目前英美的民主政治与苏联的共产政治所形成的一种两极性的对峙，是险象环生的。但我们未尝不可期待双方自动地做一番修正，使对峙局势减少其尖锐的程度。另外，我们也未尝不可促使其产生一个中立的带圈，或者产生更多的极点，使世界形成一个多极的而不是两极的系统。例如，法国在欧洲，中国在亚洲，都可以各自形成一个中立的极点。"又在BBC广播电台作过一次演讲，都获得好评；并曾到欧洲大陆讲学访问，搜集蒙古史研究资料等。1944年至1945年度，讲授"元史""中国近世史"等课程。

1946年春，曾去比利时布鲁塞尔大学讲学两次，主题为《中国文化的连续性》，宣讲中国古代文明的延续与发展。上半年，又去奥地利维也纳大学做短期讲学。秋，一年期满，临回国前接到美国哈佛大学邀请，请他赴美讲学并聘他为客座教授，为期五年。邵循正关心国内局势发展，予以谢绝。邵循正返抵北平，在清华大学历史系任教。10月10日，刚在北平复员的清华大学第一学期开学，11月5日上课，邵循正讲授"中国近代史"，严谨、透彻，很受学生欢迎。

抗日战争胜利后，1945年秋，应英国文化委员会之聘，与陈寅恪、洪谦、孙毓棠、沈有鼎诸先生联袂赴英，任牛津大学访问教授，研究蒙古史；并到比利时布鲁塞尔大学和鲁文大学做短期讲学，介绍中国学术文化。1946年冬回国，在清华大学历史系任教授，讲授元史、清史、中国近代史，并在北京大学历史系兼授中国近代史。

从回国至卢沟桥事变，邵循正结合教学进行蒙古史研究，写出《元史拉施特集史蒙古帝室世系所记世祖后妃考》《有明初叶与帖木耳帝国之关系》等文章。抗战爆发后，他随清华大学内迁，经由长沙临时大学至昆明西南联合大学，在历史系历任讲师、副教授、教授。在抗战中，他除了开"蒙古史"外，还讲授"波斯文""西域史料选读"等新课。当时在抗战的大后方，生活、工作、学习条件都很艰苦，他的图书资料又大半毁于战火，尽管如此，他仍然利用课余做了许多研究工作，写出了《元代文学与社会》《蒙古的名胜和渊源》《释 Natigai Nacisai》《语言与历史》等文。

1972年，邵循正病逝于北京。

蔡维藩（1898~1971）

蔡维藩，字文侯，笔名曾生，江苏南京人，著名西洋史专家。1898 年生于一个并不富裕的旧式知识分子家庭。1924 年毕业于南京金陵大学历史系。1928 年留学美国伊利诺伊大学，获历史学硕士学位。1930 年归国，受聘为南开大学历史系副教授。

1937 年，七七事变爆发。不久，南开大学、北京大学、清华大学在长沙合组为国立长沙临时大学。蔡维藩随南开迁至长沙，1937 年 11 月 1 日正式上课。由于长沙教室紧张，文学院历史社会学系在南岳衡山，蔡维藩亦随学院迁至衡阳。12 月 13 日，南京沦陷。武汉告急，危及长沙。长沙临时大学不得不西迁昆明。

是年，发表论文《列强扩军之原因与现状（上）》（《外交评论》1937 年第 8 卷第 4 期）、《列强扩军之原因与现状（下）》（《外交评论》1937 年第 8 卷第 5

期）、《一九三六年之欧洲》（《外交月报》1937年第10卷第1期）、《裁军与扩军》（《南大》第4号1937年6月1日）。

1938年3月，临大迁到昆明。4月2日，国立长沙临时大学更名为国立西南联合大学。

本年，在西南联大文学院历史社会学系讲授"近代欧洲外交史"课程。

1939年1月15日，与黄钰生、杨石先、查良钊等教授出席南开大学迎新大会并演讲。3月起，担任西南联大师范学院史地系主任；4日，应昆明基督教青年会及业余联谊社之请，演讲《我国政治与国际关系》。9月3日，参加洪缬教授在云南省执行委员会第二次文化界座谈会上的演讲会。10月13日，出席教授会二十八年度第一次会议。11月5日，与马约翰、杨振声、陈福田、吴宓、贺麟、郑天挺、姚从吾等被聘为1939年度学生生活指导委员会委员；13日，参加云南省教育厅与西南联大合办之中等教师晋修班授课，讲授"西洋通史"及与雷海宗共同讲授"中国教育问题"课程。12月4日，出席指导西南联大女同学会在昆中北院举行的联合时事座谈会，讨论"最近战局和政局"。

蔡先生就个人几年来的经验，略略地谈到他怎样由战前的悲观主义转变到战时的乐观态度。他认为现时的战事不如将来的中日战争的情形严重。蔡先生十分肯定的说，日本不能战胜中国。但却很焦虑抗战成功后的再度中日大战。他认为战事不足以警惕日本的迷梦，改变他错误的观念。将来第二次由日本企图报复而引起的中日大战，才是两大民族生死存亡的关头。最后蔡先生又以很动人的语句，勉励每个战时的青年。①

本年，在西南联大文学院历史社会学系讲授"西洋通史乙""近代欧洲外交史"课程。

1940 年 1 月 23 日，与王信忠教授等分析美日商约失效后的世界局势发展。3 月 8 日，出席教授会二十八年度第二次会议。蔡元培先生在香港去世，决议用本会名义去电致唁。5 月 31 日，应西南联大历史社会学系之请，演讲《第一次世界大战到第二次世界大战》。6 月 18 日，与周炳琳、樊际昌、查良钊、杨振声、罗延光、燕树棠、贺麟、姚从吾等教授出席西南联大三青团在螺翠山庄举行的毕业团员欢送大会；19 日，应西南联大师范学院学生自治会之请，演讲《欧战与吾国抗战》。

本年，在西南联大文学院历史社会学系讲授"西洋通史（乙）""近代欧洲外交史"课程。发表论文《希特勒外交活动的检讨》（《外交季刊》1940 年第 1 卷第

---

① 病夫：《联大时事讨论会旁听记》，《云南民国日报》，1939 年 12 月 19 日，第 4 版。

2 期）。

1941 年 4 月 1 日，经云南省教育厅厅长龚自知推荐，受昆明电视台之聘担任电台特约专员，负责专题节目各类稿件的编撰审核等事宜；[①] 21 日，应西南联大江浙、湖南教育同学之请，演讲《苏倭中立协定问题》。5 月 1 日，到任就职；10 日，应西南联大史学会、外交研究会之请，演讲《苏日条约的分析》。9 月 14 日，致信张伯苓，希望能休假一年，专修《欧洲外交史》等书和课件的撰写、编撰。11 月 25 日，蔡维藩等五十四人上书西南联大常务委员会提议召开教授大会共商解决生计办法，提到："抗战以来，同人等随校辗转湘滇，四年于兹，努力教学，未敢或懈，献身国家，固未计及个人身家之利害也。年来物价日增，维持生活日感艰难，始以积蓄贴补，继以典质接济。今典质已尽，而物价仍有加无已，生活程度较战前已增加二十余倍。但同人等之薪给，始则七折八扣，迄今收入尚未倍于战前。同人等一家数口，负担綦重，今已罗掘俱穷，告贷无门，若不积极设法，则前途何堪设想。为此，特恳钧座从速召集全体教授大会，共商办法，是所至祷。"[②] 27 日，应西

① 哈艳秋主编：《"勿忘历史 抗战新闻史"学术研讨会文集》，中国广播影视出版社 2016 年版，第 71 页。

② 北京大学等编：《国立西南联合大学史料》卷 4《教职员卷》，云南教育出版社 1998 年版，第 543 页。

蔡维藩

南联大平社之请，演讲《美日谈判》。12 月 13 日，应西南联大三青团之请，演讲时事；27 日，应基督教青年会之请，演讲《从美日谈判到美日战争》；28 日，应三民主义青年分团云南支部之请，在华山小学演讲《远东大战》。

本年，在西南联大文学院历史系讲授"近代欧洲外交史""西洋通史（乙）"课程。发表论文《暴日为甚么要先和美国谈判，又向美国挑战？》（《云南日报》1941 年 12 月 17 日第 3 版）。

1942 年 3 月 4 日，应基督教青年会之请，演讲《远东战争》。5 月 17 日，与崔书琴教授应国际情势讲演会之请，分别演讲《欧洲与世界大战》《美国与世界前途》。6 月 19 日，应基督教青年会之请，演讲《德意春季攻势与同盟国反攻战略》。12 月 23 日，《云南周报》创刊号出版，刊登蔡维藩等教授的文章；30 日，《送旧迎新》于《云南周刊》第 2 期发表。

本年度，在西南联大文学院历史系讲授"近代欧洲外交史""西洋通史（乙）"课程。发表论文《世界战争与苏联》（《云南日报》1942 年 1 月 21 日第 3 版）、《第二陷阱南洋是日本的》（《云南日报》1942 年 2 月 12 日第 4 版）、《日本几个根本错误》（《当代评论》1942 年第 2 卷第 5 期）、《战后世界和平重建的先决条件》(《当代评论》1942 年第 3 卷第 5 期)。

1943 年 2 月,与潘光旦、曾昭抡、罗常培等赴大理讲学。4 月 25 日,西南联大举行时事座谈会,与周炳琳、邵循正、雷海宗、孙毓棠等出席并发表看法。9 月 9 日,在"九一八"十二周年纪念大会演讲。12 月 13 日,与潘光旦、陈序经、吴晗等教授参加《云南民国日报》举行的文化座谈会。25 日,与陈雪屏、梅贻琦、周炳琳、张印堂等教授出席西南联大区党部、青年团分团部举行的"战后之亚洲"座谈会。

本年度,在西南联大文学院历史系讲授"西洋通史(甲)""西洋通史(乙)"课程。发表论文《苏联现实主义的外交》(《正义报》1943 年 2 月 13 日第 2 版)、《论欧洲战局》(《当代评论》1943 年第 3 卷第 22 期)、《论日寇的狂言:"日本将以一切可以想象之方式击溃中国"的狂言》(《当代评论》1943 年第 3 卷第 14 期)、《论外交对于国家的贡献》(《大学(成都)》1943 年第 2 卷第 2 期)、《巴尔干与世界和平》(《建国导报》1943 年第 10 期)。《战后和平中两个必要的决定》(《世界政治》1943 年第 1 期)。

1944 年 2 月 12 日,应云南省警务处之请,演讲《世界大战的展望》。3 月 3 日,应云南省军队特别党部之请,演讲《第二次世界大战双方战略演变》;15 日,云南省宪政讨论会成立，与崔书琴、钱端升、杨振声、王赣愚、邵循恪、查良钊等被聘为研究委员；22 日，与查良钊、邵循恪、崔书琴等出席云南省参议会第一次会议。4 月 2 日，与崔书琴、邵循恪、秦瓒、王赣愚、陈岱孙、伍启元、赵迺抟、陈雪屏、黄钰生、陈友松、姚从吾等教授受云南省宪政讨论会之请，到省党部、民政厅、财政厅等机关学校团体作宪政系统演讲；8 日，与崔书琴等教授参加云南省宪政讨论会研究委员会政治组关于中央与地方权限问题的讨论；20 日，与周炳琳、崔书琴、伍启元、查良钊、陈友松等教授参加云南省宪政讨论会讨论宪草；21 日，同崔书琴、王赣愚等教授担任云南省党部举办宪政问题论文竞赛评判委员；26 日，在基督教青年会讲演《当前的战况》。5 月 4 日，与燕树棠、雷海宗、查良钊、杨振声、邵循正等教授应云南省文化运动委员会之请，演讲《五四运动面面观》；21 日，与王龙甫等教授参观学生救济会增设的沐浴早餐。6 月 18 日，与陈雪屏、曾昭抡、王赣愚、伍启元、孙毓棠等教授应青年团团支部邀请参加时事座谈会；24 日，应三民主义青年团云南支团之请，主讲《远东战局分析》。7 月 1 日，应云南省民政厅之请，讲《远东战局》；7 日，与闻一多、潘光旦、杨西孟、邵循恪、潘大逵、伍启元、沈有鼎、冯景兰、李树青、曾昭抡教授出席壁报协会等团体举行的"七七"时事座谈会。9月13日，应基督教青年会之请，讲演《德日失败的途径》。10月8日，应基督教青年会之请，讲演《同盟战略》；31日，与周炳琳、陈雪屏、陈岱孙、闻一多、潘光旦、杨西孟、伍启元、金岳霖、燕树棠、王赣愚、费孝通、雷海宗、吴晗、孙毓棠、崔书琴等教授出席指导经济系一九四五级级会举行之盛大时事晚会并演讲。11月6日，应中央组织部工矿党务云南区训练班之请，演讲《太平洋战局之分析》；8日，与吴宓、吴有训、袁复礼、曾昭抡、燕树棠、张印堂、费孝通教授应学生自治会之请，参加"战时云南座谈会"；11日，应长城中学之请演讲。12月5日，出席教授会三十三年度第三次会议，讨论扩大军训计划要点；12日，应西南联大政治学会之请，演讲《中英美苏的外交关系》；23日，应云南省文化运动委员会之请，讲演《从黔桂战事说起》；26日，与贺麟教授等论护国与建国等文章刊载于《建国导报》14、15期合刊。

本年度，在西南联大文学院历史系讲授"西洋通史（甲）""西洋通史（乙）"课程。发表论文《一年来的世界战局（下）》（《正义报》1944年1月3日第2版）、《贺云南日报社九周年纪念》（《云南日报》1944年5月4日第5版）、《盟国争取中立国》（《云南民国日报》1944 年 5 月 21 日第 2 版）、《论言论自由》（《云南日报》1944 年 7 月 2 日第 2 版）、《谁在抗战？》（《云南日报》1944 年 7 月 7 日第 2 版）、《从远东全局看湘桂线战事》（《正义报》1944 年 11 月 13 日第 2 版）、《巴尔干问题与世界和平》（《时论摘要》1944 年第 4~5 期）、《西南太平洋盟军战略进展》（《当代评论》1944 年第 4 卷第 4 期）、《展望战局》（《云南日报》1944 年 1 月 2 日）、《守法与犯法》（《云南日报》1944 年 6 月 11 日）、《美国远东海军实力》（《云南民国日报》1944 年 8 月 13 日）。

　　1945 年 1 月 13 日，昆明新论衡周刊社举行新年笔谈会，蔡维藩与曾昭抡、吴晗、周新民、伍启元、杨西孟等受邀参加。与会人士认为，"我国应有新的合时代人民要求的新变革，结束训政，还政于民，实行真民主，动员全民，一切才有办法"①。2 月 25 日，与燕树棠、曾昭抡出席《海鸥周刊》筹组编辑委员会议。3 月 8 日，应云南省文化运动委员会之请，演讲《从日本海防条件看美日双方的胜负》。14 日，应基督教青年会之请，演讲《释五强论强权政治》；赴驻昆青年军营讲演《太平洋形势》。4 月 13 日，应基督教青年会之请，讲《英帝

<hr>

①　韩信夫、姜克夫主编：《中华民国大事记》，中国文史出版社 1997 年版，第 200 页。

国及英国国会》；下午应云南省地方行政干部训练团之请，讲《太平洋美军胜利的意义》。23日，应基督教青年会之请，演讲《联合国会议背景与基础》。27日，应云南省地方行政干部训练团之请，讲《今后努力的方向》。5月4日，与燕树棠、雷海宗、查良钊、杨振声教授应云南省文化运动委员会之请，演讲《五四运动之面面观》；10日，应云南省教育会之请，演讲《德国价格思想与希特勒大败原因》；26日，《海鸥周刊》创刊，担任编辑或撰稿人。6月1日，应云南省地方行政干练团之请，演讲《由战争到和平》；30日，《论侵略必败》发表于《海鸥周刊》第2期。7月20日，应基督教青年会与昆明银行业同人福利会之请，讲《远东战局发展》；28日，应基督教青年会之请，讲《世界宪章与和平》。

　　8月13日，与冯友兰、杨西孟、贺麟、雷海宗教授应三青团之请，讲述有关抗战胜利以及建国问题。18日，在三青团举行的胜利座谈会上讲《如何处置日本》，"谓原则当在使日本不能侵略，而且使其不想侵略，前者根据开罗会议宣言及波茨坦公告即可作到，后者必须培养其民主政治及改造其教育思想。天皇制度，现虽可利用，但于民主政治之真正实施，为一阻碍及迟缓之因素"①。26 日，与伍启元、沈履、吴泽霖、查良钊、陈友松、陈雪屏、华罗庚、雷海宗、杨西孟、潘光旦、樊际昌、刘崇鋐、鲍觉民、戴世光等十五位教授发表"关于大学师生参加沦陷区域复员工作的意见"，提出五项建议："一，建议各级教育当局，仿照译员及青年从军成例，发动全国大学生志愿参加沦陷区域服务工作运动。二，建议政府，指拨战时训练机构与人员，担负短期训练志愿参加服务学生的任务。三，建议政府，与各大学校商聘教师及职员，分别担任训练指导或参加学生服务工作的任务。四，建议政府，参酌学生志愿、能力、籍贯及学校原址分配有关部门前往适当地区工作。五，建议政府，制订分派学生担任慰劳、救济、翻译、维持秩序、教育民众、宣达口令、视察复员工作等任务的规则"②。27 日，应基督教青年会之请，演讲《由胜利到和平》。

9 月 8 日，出席教授会三十四年度第一次会议；27 日，与陈达、周炳琳、杨西孟、王赣愚教授出席云南省社会处举行之复原问题座谈会。12 月 19 日，出席教授会三十四年度第七次会议；22 日，出席教授会三十四年度

---

①　《联大分团部庆祝胜利座谈会》，昆明《中央日报》1945 年 8 月 19 日第 3 版。

②　《关于大学师生参加沦陷区域复员工作的意见》，昆明《中央日报》1945 年 8 月 26 日第 3 版。

第九次会议，请求政府将李宗黄先行撤职；26 日，出席教授会三十四年度第十次会议。12 月 10 日，出席教授会三十四年度第五次会议，决议用本会的名义函教育部朱经农次长，请教育部转达政府：要求严惩凶犯及主使人，其中负责行政责任者尤应先行撤职。

本年度，在西南联大文学院历史系讲授"西洋通史""欧洲外交史"课程。发表论文《一年来的世界战局》（《正义报》1945 年 1 月 2 日第 3 版）、《美英外交关系》（《云南日报》1945 年 1 月 14 日第 2 版）、《今后国际关系的眺望》〔《正义报》1945 年 1 月 21 日（周刊）〕、《谁打胜了这一战？》（《正义报》1945 年 9 月 3 日第 7 版）、《美国远东海军实力（待续）》（《现代周刊（成都）》1945 年第 2 期）、《美国远东海军实力（续）》（《现代周刊（成都）》1945 年第 3 期）、《世界战局与政局展望》（昆明《中央日报》1945 年 1 月 1 日）、《人类社会是进步的》（昆明《中央日报》1945 年 3 月 4 日）、《世界和平与中国建设》（昆明《中央日报》1945 年 10 月 14 日）。

1946 年 2 月 24 日，与王力、王烈、王竹溪、王宏基等一百一十位教授发表对东北问题宣言，中国领土必须完整，主权必须独立，关于收复东北，政府必须遵守这一最高原则，尽速完成建国，作奠定远东安全基础，

蔡维藩

以确保世界之和平。3月20日，经常务委员会第三六九次会议决议，与罗庸、浦江清、唐兰、游国恩等八十二人获西南联大特别研究补助金候选人提名。5月4日，西南联大举行结业典礼，蔡维藩与汤用彤、叶企孙分别代表南开大学、北京大学、清华大学致辞。其致辞略谓："今天起三校要分校北上，今天开始分家，今天开始向云南告别。有下列几点感想：（一）三校联合八年如一日，望将来在北平的两个大哥哥，不要忘记天津的小弟弟（南开）。（二）联大同学不要忘记南开亦是一个母校。（三）昆明各界同联大的合作友谊是一段不能忘掉的历史。（四）提议每年联大校庆三校在一块庆祝一次，三校轮次做东。（五）联大由五四开始，五四的精神是重科学，重民主，重美术，联大北上，带头重科学，重民主，重美术的精神北上。"①

1946年7月底，组成西南联大的北大、清华、南开三校复原北返，原师范学院留昆独立设置，改名为国立昆明师范学院。8月1日，蔡维藩被任命为昆明师范学院史地系主任。此后，留在昆明，除担任史地系主任外，还任学报编辑委员会副主任委员和教务长等职。

---

① 《联大完成历史使命，八年合作意义深长，昨日行结业礼三校开始北返，地方父老依依惜别互道离衷》，《云南日报》1946年5月5日第2版。

本年度，在西南联大文学院历史系讲授"西洋通史""欧洲外交史"课程。发表论文《"旧外交"与"新外交"》（《正义报》1946年7月15日第2版）、《战时德国的残酷》（昆明《中央日报》1946年8月25日第2版）、《战争与和平人类真是喜欢战争吗？》（《广播周报》1946年复刊第1期）、《谁都重视国家利益》（《再创》1946年第2期）、《二十一国和会》（《观察》创刊号1946年9月）。

1949年，蔡维藩任大夏大学历史系教授，并兼任圣约翰大学教授。1953年调任福建师范学院历史系教授。1958年在傅衣凌先生的帮助下，调入厦门大学历史系任教授。1960年，患鼻咽癌退休。1971年，病逝于汉口。[①]

---

① 蔡家麒：《我的伯父蔡维藩教授》，《云南文史》2016年第3期。

陈岱孙（1900~1997）

陈岱孙，原名陈总，字岱孙，后以字行，1900 年生于福建闽侯一个书香世家，用他自己的话说，实际上是一个旧官僚家庭。祖父陈宝璐，晚清进士，入翰林院任职三年，散官回家后，受聘于福州鳌峰书院，任山长职终其身。叔祖陈宝琛，为晚清溥仪皇帝帝师。父亲陈懋豫，举人出身，1905 年科举废除后，赴北京，就读于新设的京师法律学堂，学成后，在两广总督衙门充任幕僚；民国初年回到福州，任海军学校校长秘书，后去公职经商，专营药材生意。[①] 母亲罗伯瑛，亦是乡里望族。父祖辈都以"克绍家风"为期待，自小授他以严格的传统教育，六岁至十五岁接受中国传统私塾教育，学经习史，吟诗作对。1912 年冬，祖父去世。1913

---

① 刘昀：《孤帆远影：陈岱孙与清华大学》，商务印书馆 2017 年版，第 9 页。

年读书生活发生变化，除受私塾教育外，也学习一些英文、算学。1915年秋，考入鹤龄英华中学三年级。1918年初毕业。同年夏，考入清华学校高等科三年级。1919年五四运动爆发，参加了游行、请愿、宣传等活动，并由此萌发了"经济救国"思想。1920年夏，从清华学校毕业，通过甄别考试，获得公费留美资格。是年秋，远渡重洋赴美国中西部威斯康星州立大学求学，插入三年级，学习经济学。1922年夏毕业，获文学学士学位，因成绩优异，入选美国一个全民性荣誉学会会员，获"金钥奖"。同年9月，入哈佛大学研究院读研究生，只用一年多的时间即修完硕士学位所需的全部课程。1924年，取得哈佛大学硕士学位，随即攻读本校博士学位，并于1926年获得博士学位。随后，周游英德法以及欧洲大陆若干国家，并集中在巴黎大学听课。1926年年底归国。1927年7月，受清华学校之聘任教授。1928年，任清华大学经济学系教授。1929年，清华大学法学院创建，出任院长。从此，成为清华大学领导核心成员。1932年，利用休假时间去英法两国学习，为写《比较预算制度》一书做准备工作。1933年，随颜惠庆参加在伦敦举行的"国际经济货币会议"。同年8月，参加"太平洋学会"在加拿大邦佛召开的年会；9月，回到清华大学。1933年，国内形势很不好，清华大学鉴于国内形势的日益严峻，决定在湖南长沙岳麓山建立校舍。

1937 年 7 月 7 日，卢沟桥事变爆发。自 7 月 9 日起，蒋介石召开了庐山谈话。陈岱孙接到国民党中央政治委员主席汪精卫和国民政府行政院院长兼军事委员会委员长蒋介石的联名邀请，出席定于 7 月 15 日在庐山召开的国是谈话会。庐山会议会期是 7 月 15 日至 8 月 13 日，参会的各界代表三百多人，分三期进行，陈岱孙为第一期参会人员，7 月 15 日开始就参加了会议。20 日会后北上天津，几经周折来到北平。经校务会议同人的建议，决定舍弃所搜集的资料，南下南京。到南京，得知北京大学、清华大学、南开大学决定合组长沙临时大学，于是，起身奔赴长沙，负责长沙临时大学筹备工作。9 月 16 日，长沙临时大学常务委员会第一次会议，与冯友兰、梁实秋、饶树人、杨石先、赵迺抟、方显廷、吴有训、顾毓琇九人被推定为图书设计委员会委员，陈岱孙为召集人；28 日，常务委员会第二次会议，与梅贻琦、樊际昌、潘光旦、冯友兰、吴有训、顾毓琇、叶公超、杨石先、方显廷等被推定为课程委员会委员，由梅贻琦负责召集。10 月 14 日，经常务委员会第五次会议，推定陈岱孙为经济系教授会主席；29 日，经常务委员会第十八次会议决定，与朱自清、杨武之、施嘉炀、陈序经、吴俊升等被推定为贷金委员会委员，朱自清为召集人。11 月 1 日，长沙临时大学正式开学，陈岱孙在法商学院经济学系讲授"经济概论""财政学"课程。

本年度，发表论文《二十五年之所得税法则》（《社会科学（北平）》1937 年第 2 卷第 2 期）、《一个应该消除的货币幻景》（《独立评论》1937 年第 238 期）、《二十六年度国家总预算》（《独立评论》1937 年第 242 期）、《经济建设与民生》（《学生生活》1937 年新 2 第 15 期）、《沉寂的局面》（《独立评论》1937 年第 234 期）、《一个应该消除的货币幻景》（《独立评论》1937 年第 238 期）、《预算法之新修正》（《独立评论》1937 年第 232 期）、《今后之内政外交、经济建设与民生》（《知行月刊》1937 年第 2 卷第 3 期）。

1937 年 12 月 13 日，南京沦陷，武汉告急，长沙危矣。长沙临大常务委员会采纳了秦瓒的建议，决定西迁昆明。1938 年，陈岱孙到南岳与文学院朱自清、冯友兰、沈有鼎、郑昕等教授一起，由长沙经广西桂林、柳州、南宁，入越南河内，然后乘滇越铁路货车至昆明。4 月 2 日，国立长沙临时大学更名为国立西南联合大学。因昆明校区紧张，文学院、法商学院迁至蒙自，建立蒙自分校。4 月 19 日，经常务委员会第五十八次会议（昆明首次常务委员会）决定，任命陈岱孙为蒙自分校教务分处主任、法商学院院长。同月，随师生来到蒙自。26 日，梅贻琦来到蒙自分校视察，在常务委员会第六十次会议上报告了慰留陈岱孙先生情形。陈岱孙在蒙自分校法商学院讲授"经济概论""财政学"课程。7 月 22 日，经常务委员会第八十一次会议决定，与饶毓泰、吴有训、黄子卿、曾昭抡、杨石先、赵忠尧、潘光旦被聘为膺白奖学金委员会委员；月底，蒙自分校结束，文学院、法商学院迁回昆明。在昆明，讲授"经济概论""财政学"课程。10 月 18 日，经常务委员会第九十一次会议决定，请陈岱孙、陈序经、陈达、孙云铸、李继侗、汤佩松、施嘉炀等代表西南联大参加西南经济调查合作委员会，陈岱孙为召集人。11 月 8 日，经常务委员会第九十三次会议，与冯友兰、叶公超、饶毓泰、杨石先、赵忠尧、陈序经、吴有训、施嘉炀被聘为西南联大图书设计委员会委员，岱孙为召集人；26 日，经常务委员会第九十五次会议决定，与樊际昌、潘光旦、朱自清、杨石先、叶公超、李继侗、钱端升、江泽涵、邱椿等被聘为二十七年度战区学生救济及寒苦学生贷金委员会委员，樊际昌为召集人。12 月 6 日，经常务委员会第九十六次会议决定，与严文郁、吴有训代表西南联大参加与北平图书馆的合作，并担任合作委员会委员；27 日，经常务委员会第九十九次会议报告，与朱自清、叶企孙、陈福田、钱端升、张奚若、刘崇鋐、叶公超、杨石先、庄前鼎、查良钊等当选为西南联大校务会议教授、副教授代表。会上，梅贻琦报告陈岱孙函请经济、商学两系添聘助教各一人。

本年度，发表论文《计划后方经济建设方针拟议》（《新经济》1938 年第 1 卷第 1 期）。

1939 年 1 月 18 日，应西南联大经济学会之请，演讲《货币与抗争》。2 月 7 日，出席校务会第二次会议，推定建筑设计委员会。3 月 22 日，与朱自清、李继侗等教授赴路南旅行，是日在迁至路南的云南大学附中作《语言文字的训练》《到路南旅行的感想》《自然》等学术演讲。4 月 4 日，出席校务会议第三次会议。5 月 16 日，出席校务会第四次会议。7 月 4 日，出席校务会第六次会议。10 月 7 日，与冯友兰、朱自清、潘光旦教授等任中国青年写作协会昆明分会筹备会指导委员。17 日，经常务委员会第一二三次会议决定，与樊际昌、冯友兰、叶公超、饶毓泰、杨石先、赵迺抟、陈序经、吴有训、施嘉炀、陈雪屏、严文郁被聘为西南联大图书设计委员会委员，陈岱孙为召集人；与樊际昌、饶毓泰、吴有训、黄子卿、曾昭抡、杨石先、赵迺抟被聘为膺白奖学金委员会委员，樊际昌为召集人。11 月 7 日，出席校务会第二届第一次会议。12 月 12 日，出席校务会第二届第二次会议；25 日，经常务委员会第一三〇次会议决定，与罗常培、杨石先、刘仙洲、陈雪屏被聘为西南联大大学毕业生成绩审查委员会委员，罗常培为召集人。

本年度，在西南联大法商学院经济系讲授"经济概论""财政学"课程。发表论文《战时经济建设的几个原则》（《今日评论》1939 年第 1 卷第 13 期）、《法币汇价问题》（《今日评论》1939 年第 2 卷第 1 期）、《法币汇价问题》（《省行通讯》1939 年第 3 卷第 5 期）、《抗战中的经济政策》（《今日评论》1939 年第 2 卷第 3 期）、《培植我们的经济力》（《今日评论》1939 年第 1 卷第 1 期）、《战时经济建设的几个原则》（《今日评论》1939 年第 1 卷第 1 期）、《外汇当前一个问题》（《经济动员》1939 年第 3 卷第 4 期）、《外张内弛的战局》（昆明《益世报》1939 年 2 月 19 日第 2 版）、《外江当前一个问题》（昆明《益世报》1939 年 5 月 28 日第 2 版）。

1940 年 3 月 5 日，出席校务会第二届第三次会议。5 月 7 日，出席校务会议第二届第四次会议；22 日，出席清华大学经济学会聚会欢送本届毕业同学并讲话。6 月 4 日，出席校务会第二届第五次会议。10 月 11 日，出席商学系教授丁佶遗体告别仪式并致辞，略谓："丁先生致力研究'工业经济'，尤注重'工厂管理'，收集资料，参照外国已有标准，以谋中国工业经营之良策，丁先生之死，于抗战即将胜利、建国尚未完成之时，尤足痛悼云云"[1]。16 日，出席校务会第三届第一次会议。23 日，经常务委员会第一五八次会议报告，与周炳琳、叶企孙、陈福田、陈雪屏、潘光旦、钱端升、张景钺、张奚若、郑华炽等当选第三届校务会议教授代表。11 月 3 日，出席校务会第三届第二次会议。

本年度，在西南联大法商学院经济系讲授"经济概论""财政学"课程。发表论文《物价、财政与建设》（《新经济》1940 年第 4 卷第 10 期）、《政治经济化》（《今日评论》1940 年第 3 卷第 1 期）、《通货膨胀性质的一斑》（《改进》1940 年第 3 卷第 7 期）、《物价与后方经济》（《新力》1940 年第 5 卷第 8 期）。

1941 年 2 月 26 日，应西南联大经济系一九四三级级会之请，演讲《战争与经济》。3 月 26 日，出席校务会第三届第三次会议。5 月 12 日，出席主持商学院一九四一级学生在北院操场举行小足球锦标赛的开球仪式。6 月 25 日，经常务委员会第一八一次会议决定，被任命为法商学院商学系主任。9 月 4 日，经常务委员会第一八八次会议决定，与黄钰生、吴有训被推为四大学联

---

① 《丁佶追悼会在登华街举行》，昆明《中央日报》1940 年 12 月 2 日第 3 版。

合招考审核委员会委员，黄钰生为召集人；10日，代陈序经出席常务委员会第一八九次会议，"关于本年度西南联大同人薪俸调整事宜，请郑天挺、冯友兰、杨石先就实际情况商洽后报告本会，再定办法"①；18日，代陈序经出席常务委员会第一九〇次会议；24日，代陈序经出席常务委员会第一九一次会议。10月1日，代陈序经出席常务委员会第一九二次会议；15日，代陈序经出席常务委员会第一九三次会议，与燕树棠、周炳琳、陈福田、陈雪屏、李继侗、潘光旦、王信忠、罗常培、李辑祥、杨振声当选第四届校务会议教授代表；23日，常务委员会第一九四次会议，梅贻琦报告指出，陈岱孙与郑华炽、李继侗、杨振声、陈福田、杨武之、杨石先、雷海宗、刘仙洲为三十年度一年学生课业指导委员会委员；29日，代陈序经出席常务委员会第一九五次会议，决定聘请李继侗为西南联大先修班主任。11月13日，出席校务会第四届第一次会议；17日，出席西南联大经济系一九四三级级会召开动员大会；19日，经常务委员会第一九八次会议决定，与杨石先、冯友兰、陈雪屏、李继侗被聘为本届西南联大学生入学资格审查委员会委员，杨石先为该会主席。12月26日，出席校务会第四届

---

① 北京大学等编：《国立西南联合大学史料》卷2《会议卷》，云南教育出版社1988年版，第194页。

第二次会议。

本年度，在西南联大法商学院经济系讲授"经济概论""财政学"课程。发表论文《公营事业商业化》（《当代评论》1941 年第 1 卷第 13 期）、《经济统制的礁石》（《广西银行月报》1941 年第 1 卷第 5 期）、《经济统制的礁石》（《今日评论》1941 年第 5 卷第 11 期）、《直接税与负担公平》（《云南日报》1941 年 7 月 1 日第 3 版）。

1942 年 2 月 11 日，经常务委员会第二〇六会议决定，陈岱孙因事赴渝，所有经济、商学两学系系务，另由人主持，两系主任职务由周炳琳暂行代理。5 月 7 日，出席校务会第四届第三次会议。7 月 3 日，出席校务会第四届第四次会议；22 日，代陈序经出席常务委员会第二二五次会议，决议三校教职员不在西南联大任职者，不由西南联大支薪；29 日，代陈序经出席常务委员会第二二六次会议。8 月 6 日，出席常务委员会第二二七次会议，本次会议通过西南联大三十一至三十二年度教授续聘及升格名单；13 日，代陈序经出席常务委员会第二二八次会议。9 月 2 日，代陈序经出席常务委员会第二三〇次会议；9 日，出席常务委员会第二三一次会议及校务会第四届第五次会议；16 日，代陈序经出席常务委员会第二三二次会议；23 日，代陈序经出席常务委员会第二三三次会议。10月，与冯友兰、张奚若、罗常培、雷海宗、郑天挺、陈福田、李继侗、吴有训、汤用彤、黄钰生、陈雪屏、孙云铸、陈序经、燕树棠、查良钊、王德荣、陶葆楷、饶毓泰、施嘉炀、李辑祥、章名涛、苏国桢、杨石先、许浈阳等二十五位教授拒领教育部给的"特别经费"，认为"同人等献身教育，原以研究学术、启迪后进为天职，于教课之外肩负一部分行政责任，亦视为当然之义务，并不希冀任何权利"。11月26日，与燕树棠、周炳琳、张奚若、陈福田、陈雪屏、李继侗、潘光旦、罗常培、李辑祥、杨振声等当选第四届校务会议教授代表。

本年度，在西南联大法商学院经济系讲授"经济概论""财政学"课程。

1943年4月7日，出席校务会第五届第一次会议。6月11日，出席校务会第五届第二次会议。17日，经常务委员会第二六四次会议决定，陈序经因事离校，法商学院院长由陈岱孙暂行代理；代杨石先为毕业生成绩审核委员会召集人。7月1日，代陈序经出席常务委员会第二六五次会议，会议通过西南联大三十二年度校历；8日，代陈序经出席常务委员会第二六六次会议；15日，代陈序经出席常务委员会第二六七次会议，会议修正通过西南联大事务组办事细则草案和财务处理办法草案；29 日，代陈序经出席常务委员会第二六九次会议。

8 月 12 日，代陈序经出席常务委员会第二七〇次会议；19 日，代陈序经出席常务委员会第二七一次会议，与杨石先、罗常培、刘仙洲、陈雪屏被聘为西南联大三十二年度毕业生成绩审查委员会委员，杨石先为该会主席。

9 月 2 日，代陈序经出席常务委员会第二七二次会议；29 日，经常务委员会第二七四次会议决定，与李继侗、陈序经、许浈阳、郑天挺、杨西孟被聘为西南联大职教员消费合作社委员会委员。11 月 17 日，与周炳琳、潘光旦、萧遽、钱端升、张奚若、杨振声、燕树棠等（候补代表为雷海宗等），被选为西南联合大学第六届校务会议教授代表。12 月 22 日，出席校务会第六届第一次会议；29 日，出席校务会第六届第二次会议。

本年度，在西南联大法商学院经济系讲授"经济概论""财政学"课程。

1944 年 3 月 14 日，出席校务会第六届第四次会议；23 日，与赵迺抟、周作仁、杨西孟、伍启元、陈岱孙、秦瓒被聘为云南省宪政讨论会研究委员会经济组会员；30 日，法学院组织宪政演讲会宪政问题系统演讲，拟请张奚若、陈序经、潘光旦、吴之椿、王赣愚、燕树棠、陈岱孙、赵凤喈、周炳琳等教授演讲。4 月 3 日，云南省宪政讨论会请蔡维藩、崔书琴、邵循恪、秦瓒、王赣愚、陈岱孙、伍启元、赵迺抟、陈雪屏、黄钰生、陈友松、姚从吾等教授到省党部、民政厅、财政厅等机关学校团体作宪政系统演讲。5月3日，出席校务会第六届第六次会议；10日，经常务委员会研究决定，因陈序经因事离校，法商学院院长由陈岱孙暂行代理；12日，应西南联大法商学院之请，演讲《宪政与预算制度》；31日，代陈序经出席常务委员会第三○○次会议。6月7日，出席校务会第六届第七次会议；14日，代陈序经出席常务委员会第三○一次会议，会议通过西南联大三十三年度校历；21日，代陈序经出席常务委员会第三○二次会议；25日，与校常委梅贻琦、曾昭抡、潘光旦、张奚若、黄钰生、雷海宗等教授出席美国昆明总领事宴请副总统华莱士之宴会；28日，代陈序经出席常务委员会第三○三次会议。7月5日，出席校务会第六届第八次会议；19日，代陈序经出席常务委员会第三○五次会议；26日，代陈序经出席常务委员会第三○六次会议。8月2日，出席校务会第六届第九次会议；9日，代陈序经出席常务委员会第三○七次会议；23日，代周炳琳出席常务委员会第三○八次会议，会议决定聘请闫振兴、曾叔岳、马大猷、胡志彬、王德荣、周荫阿为三十三年度西南联大工学院学生指导委员会委员，闫振兴为该委员会主席；27日，被教育部表彰为优良教师，与吴有训、周培源、高崇熙、黄子卿、李继侗、陈桢、袁复礼、张奚若、陈岱孙、施嘉炀、冯友兰、杨武之、周作仁一起获二等服务状；[①] 30 日，代周炳琳出席常务委员会第三〇九次会议，会议决定聘请潘光旦、张景钺、雷海宗、黄子卿、胡毅、杨石先、朱荫章为西南联大本届新生入学资格审查委员会委员，潘光旦为该委员会主席。9 月 13 日，代周炳琳出席常务委员会第三一〇次会议，与郑天挺、张景钺、鲍觉民、许浈阳、刘本钊被聘为西南联大职教员眷属宿舍管理委员会委员，郑天挺为该会主席；并与燕树棠、叶企孙、钱端升、陈雪屏、李继侗、潘光旦、刘崇鋐、刘仙洲等当选为第七届校务委员会会议教授代表。10 月 12 日，出席校务会第七届第一次会议；31 日，与周炳琳、陈雪屏、闻一多、潘光旦、杨西孟、伍启元、金岳霖、燕树棠、王赣愚、费孝通、蔡维藩、雷海宗、吴晗、孙毓棠、崔书琴等教授出席指导经济系一九四五级级会举行之盛大时事晚会并演讲。11 月 24 日，出席校务会第七届第三次会议。12 月 1 日，出席校务会第七届第四次会议。

本年度，在西南联大法商学院经济系讲授"经济概论""财政学"课程。发表论文《战后国际经济趋势与

---

① 《教部表扬优良教师专科以上学校教授四二七名获奖》，《（重庆）大公报》1944 年 8 月 27 日第 3 版。

陈代孙

我国工业建国》（《库讯》1944 年第 4 卷第 6 期至第 5 卷第 1 期合刊）。

1945 年 1 月 3 日，出席校务会第七届第五次会议；24 日，代周炳琳出席常务委员会第三二四次会议。2 月 7 日，代周炳琳出席常务委员会第三二五次会议；21 日，代周炳琳出席常务委员会第三二六次会议；27 日，代周炳琳出席常务委员会第三二七次会议。3 月 5 日，出席校务会第七届第六次会议。4 月 12 日，出席校务会第七届第七次会议。5 月 3 日，出席校务会第七届第八次会议。7 月 5 日，出席校务会第七届第十次会议；11 日，经常务委员会第三三八次会议决定，由陈岱孙暂代周炳琳为法商学院院长；26 日，代周炳琳出席常务委员会第三四〇次会议。8 月 1 日，代周炳琳出席常务委员会第三四一次会议及出席校务会第七届第十一次会议；13 日，代周炳琳出席常务委员会第三四二次会议；20 日，出席校务委员会第七届第十二次会议；23 日，出席常务委员会第三四三次会议，与郑天挺、黄钰生、查良钊、施嘉炀被聘为联合迁移委员会委员，郑天挺为该委员会主席。9 月 6 日，经常务委员会第三四五次会决定，与潘光旦、雷海宗、李继侗、陈友松等被聘为西南联大本年度毕业生成绩审查委员会委员，潘光旦为该委员会主席；8 日，与钱端升、张奚若、陈雪屏、郑华炽、闻一多、冯文潜、燕树棠、汤用彤、吴大猷、朱自清、李辑祥当选第八届校务委员会会议教授代表。10月3日，与张奚若、周炳琳、朱自清、李继侗、吴之椿、陈序经、汤用彤、闻一多、钱端升诸教授致电蒋介石、毛泽东陈述对时局意见四项主张：

十余年来，我国政权实际上操于介石先生一人之手，介石先生领导抗战矢志不渝，自为国人所钦敬，惟十余年来政治上这种种弱点，如用人之失当，人民利益被漠视，以及贤者能者之莫能为助，其造因为何？诚宜及时反省！今后我国无论采用何种政制，此一人独揽之风，务须迅予纠正。此其一。十余年来，由于用人之专重服从，而不问其贤能与否，遂致政治道德日趋败坏，行政效率日趋低落。即自日本投降以来，收复区人事之布置，亦在在使人惊讶失望。今后用人应重德能，昏庸者、贪婪者、开倒车者，均应摒弃，庶我国可不致自绝于近代国家之林，而建国工作乃能收效。此其二。军人干政，在任何国家任何时代皆为祸乱之阶，今后无论在中央或在地方，为旧军人或为新军人，隶国民党之军人或隶共产党之军人，皆不应再令主政。此其三。奸逆叛国，其罪莫逭，政府纵恻隐为怀，不将大小伪官一一加以惩处，而元凶巨慝及直接通敌之辈，绝不可使逃法外。须知过于姑息，便损纪纲，忠奸不分，何以为国。

此其四。①

24日，经常务委员会第三五〇次会议决定，与冯友兰、雷海宗、姚从吾、罗庸、闻一多被聘为西南联大纪念册编辑委员会委员，冯友兰为该委员会主席；31日，经常务委员会第三五一次会议决定，陈岱孙奉命赴北平接收清华大学校舍。11月6日，应西南联大之战后中国第二次系统讲演之请，主讲《战后的财政与经济建设》；26日，(北平)校产保管委员会主席陈岱孙、土木工程学系教授王明之等飞返北平，与先期到达的邓以蛰、陈福田、张子高会合，梅贻琦同机前往清华园视察。12月31日，经常务委员会第三五八次会议决定，陈岱孙离校期内，法商学院经济学系暨商学系主任职务由徐毓全暂行代理。

本年度，在西南联大法商学院经济系讲授"经济概论""财政学"课程。

1946年3月，发表联名意见书《北平名流对东北问题的意见》，刊载于3月7日全国各大报章。4月10日，经常务委员会第三七一次会议决定，徐毓枬代陈岱孙为本年度毕业生成绩审查委员会委员。8月，主持清华大学复原后的新学年招生考试及考卷评阅。清华大学复

---

① 《联大张奚若等十教授致电蒋主席、毛泽东》，《正义报》1945年10月3日第3版。

原北平后，陈岱孙任经济学系教授兼主任和法学院院长。

本年度，在西南联大法商学院经济系讲授"经济概论""财政学"课程。

1948年底，清华园解放。至1952年院系调整以前，陈岱孙在继续担任院系行政职务之余，还历任新组建之校务委员会委员、教育工会基层委员会主席并任华北人民政府高等教育委员会委员等。1952年全国高校院系调整后，他出任新创建的中央财经学院教授兼第一副院长。1953年秋，中央财经学院停办，按照陈本人意愿，他被调至北京大学任经济学系教授；第二年，出任系主任、校务委员会委员等。1956年，陈岱孙被评为北大一级教授。从该年起，他还历任国务院科学规划委员会委员（旋又兼任该委员会经济学组副组长），北大学术委员会委员兼政治、经济、法律分会主任委员等。

1979年，清华设经济管理工程系，并于1984年扩建为清华经济管理学院。在这些过程中，一直得到陈岱孙的关怀，他对建院建系方针、课程设置教学内容等均曾提出过指导性意见。

1997年7月27日，陈岱孙病逝于北京。

陈岱孙学术造诣深厚。他自幼秉承家学传统，博览群籍，广涉新学。就学后，无论是在福州鹤龄英华还是北京清华，他都受到严格的科学知识和办学方法的教育，奠定下牢固的治学基础。而且，在这些学校里，他受的都是中西合璧的教育。后赴美留学，又接受了现代民主思想的熏陶。他之所以选择经济学作为自己济世的途径，是因为他认为："经济学是专讲如何'富国强兵'的学问，而且比较实际、具体，既可以从中学到救中国的道理，又可以使中国富强起来"。这就使他后来在治学上总能达到"内容精当、材料精炼、逻辑严密"的境地。加之他在教学上的"经验丰富、说理清晰、言简意赅、进度适中(以上都是学生对他的评语)，使他很快就成为清华园内最受学生爱戴的师长之一。他学术著作丰富，同时具有崇高的社会、学术声望。先后担任过《经济科学》杂志主编、中国社会科学院经济研究所学术委员会副主任委员、国务院学位委员会经济学评议组成员、北京市经济学总会副会长、外国经济学说研究会理事长、中国金融学会常务理事、中国世界经济学会顾问、中国经济学团体联合会顾问等职。①

总结陈岱孙的一生，用他自己的话说："我这一辈子只做了一件事——教书"。

---

① 晓亮编著：《从清华走出的教育家》，中国三峡出版社2011年版，第22页。

张佛泉（1908~1994）

张佛泉本名张保恒，曾用笔名张抱横。1908 年生于河北宝坻。中学毕业，于 1926 年前后，保送至北平燕京大学哲学系，毕业即任天津《大公报》编辑，于 1931 年 5 月始主持该刊"现代思潮"专栏，至 1932 年 8 月该栏停刊。随后，入美国约翰·霍普金斯大学（John Hopkins University），师从著名的观念史大师、该校哲学系教授、系主任诺夫乔伊（Arthur O.Lovejoy），并于其间结识了崔书琴。1933 年，发表《民元以来我国在政制上的传统错误》，因文深受胡适赏识，由此进入胡适的学人圈，开始了终生的友谊。1934 年，离美回国，重回《大公报》任编辑。不久，应胡适之邀，出任北京大学政治学系讲师，并活跃于胡适主持的《独立评论》，发表了大量文章。由此，开始了他的政治学研究生涯。1936 年 10 月 12 日，与顾颉刚等六十多名教授联合发表了北平文化界对时局宣言。

1937 年，卢沟桥事变爆发。蒋介石主持召开了庐山会议，商讨抗战方略，张佛泉应邀出席。鉴于平津形势严峻，北京大学被迫南迁，张佛泉亦随校南迁至湖南长沙，任教于北京大学、清华大学、南开大学组成之长沙临时大学，并任政治学系教授会主席，讲授"公民学原理""中国政治之改造"课程。据学生回忆，其所讲"并非政治学，而是政治哲学，上课时据事先准备好的讲稿逐条讲解"，新颖有特点。与刘崇鋐等四十五名教授发起了捐款补助寒苦学生旅费信，吁请校常委酌情考虑。10 月 18 日，请辞政治学系教授会主席，改由张奚若任，张奚若未到任时，仍由张佛泉代任。

是年 12 月 13 日，南京沦陷，武汉告急，长沙危矣。张佛泉随校南迁至昆明。1938 年 4 月，长沙临时大学更名为国立西南联合大学。张佛泉任教于西南联大政治学系，并任教授、系主任。在蒙自分校，张佛泉主讲"公民学原理""中国政治之改造"课程；"五四"纪念时，曾发表演讲。任蒙自分校生活指导会委员、图书委员会委员。1938 年至 1939 年，讲授"公民原理""中国政治问题"。1939 年至 1940 年，讲授"政治学概论""中国政治问题"，并与张奚若同讲"近代西洋政治思想"。1940 年至 1941 年，讲授"中国政治问题"。此外还讲授"地方政府""中国地方政府""市政府及市行政"等课程。

1939 年，出席西南联大二十八年度第一次会议，选举校务会议代表。同年，在《今日评论》第 1 卷第 19 期发表了《论政治之制度化》。1946 年，在《智慧周刊》发表《二十年前民主运动的经验》；4 月 30 日，发表《民主政治的途径》。

1946 年 5 月 4 日，西南联大结束，张佛泉随北大复员北返。1949 年，离开大陆，来到台湾。随后与崔书琴、雷震、王世杰、杭立武等人创办《自由中国》半月刊。后于 1953 年前后辞去编辑委员职务。1950 年至 1954 年，任台北"国立"编译馆编辑。1954 年至 1956 年，任台北东吴大学政治学系教授兼主任。

1954 年，《自由与人权》出版。该书被林毓生先生誉为："从严复一直到今天大概只有张佛泉先生的《自由与人权》算是一本比较系统的著作。"钱永祥先生说："今天读来，这本书表现出来的对西方自由主义的认识水平，在以前与以后中文世界，尚都未见可与之匹敌的著作，批评自由主义的人，更没有堪与张氏之博约相埒者。"许纪霖先生也说："《自由与人权》在台湾被公认为中国自由主义理论的经典文献，这方面的研究至今无出其右。可以说，张佛泉是中国思想史上最有理论涵养和学理深度的自由主义知识分子之一。"

1956 年至 1964 年，张佛泉任台湾东海大学政治系教授、主任。1961 年至 1963 年，赴美国哈佛大学东亚研究所担任研究员，研究"中国近代思想中自由与人权观念之发生与演变"。1965 年起，在加拿大英属哥伦比亚大学担任亚洲系教授，直至 1977 年退休。

1994 年，张佛泉在加拿大逝世。

陈梦家（1911~1966）

（陈泽行先生供图）

陈梦家，笔名陈漫哉，我国著名古文字学家、考古学家。1911 年生于浙江省上虞县，其父陈金镛，曾任上海广学会编辑。1931 年，毕业于南京中央大学法律系。虽读法律，却以诗歌见长。同年出版了第一本诗集《梦家诗集》，由此蜚声诗坛；9 月，出版《新月诗选》。1936 年，相继出版《铁马集》《梦家存诗》等，由此成为与闻一多、徐志摩并称的"新月派"诗人。

1937 年，经闻一多举荐，赴国立长沙临时大学任教，任文学院国文系教授。11 月 18 日，文学院在衡山开学，任清华大学教员，于国立长沙临时大学中国文学系讲授课程。

是年，发表多篇论文：《述庄子"方生方死"惠施"日方中方睨物方生方死"》（《新诗》1937 年第 6

期）、《"风""谣"释名：附论国风为风谣》（《歌谣周刊》1937 年第 3 卷第 12 期）、《商代地理小记（二）》（《禹贡》1937 年第 7 卷第 6/7 期）、《祖庙与神主之起源：释且宜祖宗佑祊示室等字》（《文学年报》1937 年第 3 期）、《高禖郊社祖庙通考》（《清华学报》1937 年第 12 卷第 3 期）、《释豖》（《考古》1937 年第 6 期）、《禹邗王壶考释（附英文摘要）（附表）》（《燕京学报》1937 年第 21 期）。

1938 年 3 月，与夫人赵萝蕤由香港乘船至越南，经滇越铁路至昆明。3 月 7 日抵昆。4 月，陈梦家到达蒙自。5 月 4 日，联大蒙自分校开学，在文学院中国文学系讲授"国文读本"（庚）、"文字学概论"、"卜辞研究"、"铜器铭文研究"等课程。在蒙自时，与冯友兰、闻一多、朱自清、郑天挺、钱穆有交往。与冯友兰夫妇同住蒙自桂林街王维玉住宅内，力促钱穆撰写《国史大纲》。8 月，随文学院搬迁昆明，住登华街。弟陈梦熊考入西南联大地质系。10 月，致信胡适联系出国事宜。是年，发表《五行之起源（附表）》（《燕京学报》1938 年第 24 期）、《雁子：[歌曲]》（《音乐世界》1938 年第 1 卷 5 期）。

1939 年，由教员升级为清华大学专任讲师，在西南联大文学院中国文学系讲授"国文读本""国文作文""文字概要""铜器铭文研究"等课程。3月前后，著有《中国文字学》讲义。5月，其父陈金镛去世。这一年夏，将文字学的授课讲义编订成册，题为《文字学甲编》，分为六章：《古文字学的形成》《文字的开始及其基本类型》《汉字的结构》《传统的六书》《字体变异的原因》《历史上的字体》。年末为商承祚《长沙古物闻见记》一书作序；并为金祖同《殷契遗珠》一书写书评，题为《评〈殷契遗珠〉并论罗氏前编的来源》。本年始任《中央日报·读书副刊》编辑，开始编辑《海外中国铜器图录》，仅出一集，其他二集因日军占领香港而未续印。这一年，与朱自清、徐森玉、常任侠、闻一多、吴宓、顾颉刚、容庚等有交往。

是年，发表《白话文与新文学》（《今日评论》1939年第1卷第20期）、《书评：读天壤阁甲骨文存》（《图书季刊》1939年第1卷第3期）、《商王名号考》（《读书周刊》第1号）。

1940年，由清华大学专任讲师升为副教授，在西南联大文学院中国文学系讲授"文字学概要""铜器铭文研究""中国语言文学专书选读"等课程。其间，应国立北平图书馆馆长袁同礼之邀，协助北平图书馆编辑《考古丛刊》《图书季刊》。4月，完成长文《中国铜器概述》。9月，致信金陵大学中国文化研究所李小缘。10

月，作《孟子养气章的几点解释》。12月，于昆明桃园作《书语》，致信赴川康古迹考察团的曾昭燏。本年，赠冯友兰《商王名号考》，与王献唐订交。

是年，发表《商王名号考（附英文摘要）》（《燕京学报》第 27 期）、《附录：商代至唐代之中国铜器》（纽约美术博物馆 Metropolitan Museum of Art 编，《图书季刊》第 2 期）、《周公旦父子考》（《金陵学报》第 10 卷第 1/2 期）、《述方法敛所摹甲骨卜辞补》（《图书季刊》第 3 期）、《梦甲室字话》（《国文月刊》第 1 卷第 2 期）。

1941 年，仍为清华大学副教授，在国立西南联合大学讲授"文字学概要""铜器铭文研究""中国文学专书选读""说文古籀补"等课程。12 月，日军偷袭珍珠港，太平洋战争爆发，岳父赵紫宸因在燕京大学任教被捕。

是年，发表《射与郊》（《清华大学学报（自然科学版）》）、《致一伤感者：[诗词]》（《国民杂志（北京）》）、《认字的方法》（《国文月刊》第 1 卷第 5 期）、《书语》（《国文月刊》第 1 卷第 6 期）、《释国文》（《国文月刊》第 11 期）、《论散文先于韵文》（《当代评论》第 1 卷第 23 期）。

1942 年，在国立西南联合大学文学院中国文学系讲授"文字学概要""铜器铭文研究""中国文学专书选读（尚书）"。1月，举行茶会，朱自清受邀在列。2月，夫人赵萝蕤因胃病辞去云南大学教职。3月，吴宓向西南联大外文系主任陈福田举荐赵萝蕤到联大兼职，得到陈福田同意；11日，赵萝蕤获准西南联大兼职教一年级外语；28日，朱自清来访。4月3日，举行晚餐会，朱清等参加；7日、14日，请吴宓午饭；20日，吴宓带赵萝蕤上英领事馆荐职。5月，朱自清来访。6月，其弟陈梦熊从西南联大毕业，考入地质调查所，始从事地质研究；9日，与吴宓谈及赵紫宸、陆志韦被捕一事；18日，赵紫宸出狱。9月，费正清经驼峰航线从印度抵达昆明，至龙头村与陈梦家等十二人交谈。10月，偕夫人赵萝蕤访吴宓，与杨振声一起举办晚宴。11月，浦江清由沪抵昆，至棕皮营访陈梦家、游国恩等朋友。12月，朱自清到访，陈梦家、赵萝蕤夫妇邀其与浦江清共进晚餐。

是年，发表《陈口壶考释》（《责善半月刊》第23期）、《介绍王了一先生汉字改革》（《国文月刊》第19期）。

1943年，任清华大学副教授，在国立西南联合大学文学院中国文学系讲授"文字学概要""铜器铭文研究""文字学史"等课程。1月，冯友兰将赴重庆，闻一多、朱自清等宴请冯友兰、陈梦家等朋友。26日，郑

陈梦家

天挺来访；搬家至龙头村棕皮营李氏园中，种菜生活工作，名为楷庐。2月6日春节，世界战局形势好转，浦江清、朱自清等教授们结伴拜访陈梦家、游国恩、钱端升、金岳霖、汤用彤、查阜西家；22日，西南联大寒假结束开学。3月，宴请孙毓棠、闻一多和朱自清等午餐；30日，访朱自清，谈及古代中文句读。4月，晚餐宴客，朱自清赴宴。5月，朱自清赠《经典常谈》。6月，朱自清来访，暑假开始。8月，朱自清来访，并招待午餐。9月6日，国立西南联大开学；13日，正式上课；18日，致信陶云逵教授请教少数民族造字问题。10月，请吴宓吃午饭。12月，偕夫人访吴宓，又一起访江泽涵。

是年，发表《古文尚书作者考》（《图书季刊》第3~4期）、《评张荫麟先生中国史纲第一册》（《思想与时代》第18期）、《古文尚书作者考》（《图书季刊》第34期）。

1944年，改聘为清华大学教授，在国立西南联合大学文学院中国文学系讲授"文字学概要""文字学史""铜器铭文研究"等课程。1月，金岳霖致信洛克菲勒基金会人文部负责人、芝加哥大学前副院长戴维·哈里森·史蒂文斯（David Harrison Stevens），推荐陈梦家去美国研究学问；16日，朱自清来访；29日，邀请朋友聚餐。5月11日，来昆明国立东方语文专科学校任教的常任侠，拜访陈梦家未果。6月6日，闻一多为陈梦家晋升教授事致函梅贻琦；8日，被聘为教授；21日，所得特别助学金六千五百美元正式拨付；29日，暑假开始；30日，威尔森电告陈梦家芝加哥大学为其提供九个月（1944年10月1日起到1945年6月30日）的研究合作。7月6日，作为考试委员与闻一多、游国恩、邵循正、沈有鼎、朱自清、浦江清、王力、许维遹、彭仲铎参加清华大学文科研究所傅懋勉毕业初试；9日，作为考试委员与闻一多、汤用彤、罗常培、冯友兰、雷海宗、朱自清、王力、许维遹参加清华大学文科研究所季镇淮毕业初试。8月14日，在重庆回电文给威尔森。21日，吴宓、毛子水陪赵萝蕤至美国驻华使馆了解赴美手续。9月2日，在吴宓陪同下，申请护照；5日，闻一多致信梅贻琦为陈梦家请假一年；15日，赴梅贻琦晚宴；16日，与夫人赵萝蕤由昆明巫家坝机场出发，经驼峰航线，至印度加尔各答，在印度短暂停留，其间结识了金克木；26日，离开加尔各答，至孟买。10月14日，由孟买经澳洲至美国西海岸洛杉矶。11月24日，抵达芝加哥。12月，参观纽约大都会艺术博物馆。

是年，发表《王若曰考》（说文月刊）、《汲冢竹书考》（《图书季刊》第2~3期）、《孟子养气章的几点解释》（《理想与文化》第5期）。

　　1945年，在芝加哥大学从事研究。2月，接受袁同礼的建议，向叶理绥提交了一份关于美国收藏古代中国铜器的详细研究计划书。3月，应芝加哥艺术学院东方艺术馆馆长查尔斯·法本斯·凯利（Charles Fabens Kelley）之邀，共同为博物馆馆藏中国铜器撰写目录。4月，获得哈佛燕京社提供的三千美元补助，延长了在芝加哥从事研究的时间。7月，访问了华盛顿弗利尔美术馆，并访问了宾夕法尼亚大学博物馆和费城艺术博物馆，经宾夕法尼亚大学教授卜德（Derk Bodde）介绍，认识了该馆助理、费城艺术博物馆馆员李（Jean Gordon Lee）。10月，与芝加哥美术馆东方艺术部主任凯莱合作完成了《白金汉所藏中国铜器图录》。11月，于美国纽约市大都会博物馆举行的全美中国艺术学会第六次年会上，发表题为《中国青铜器的形制》（The Style of Chinese Art Society of America）的演讲；土纸版《西周年代考》由重庆商务印书馆出版，熟料纸版《老子分释》也由重庆商务印书馆出版。

　　是年，在美遍访青铜器藏家、博物馆，收获颇丰，开始编撰《美国所藏中国铜器集录》，并把在美国的中国文字学讲义改编成英文讲义稿，题为 An Introduction to Chinese Paleography。发表《洀水考》（《史学杂志》创刊号）。

1946 年，继续在美国芝加哥大学从事中国青铜器研究。3 月，与凯莱合编之《白金汉所藏中国铜器图录》（*Chinese Bronzes from the Buckingham Collection*）由芝加哥美术馆出版。4 月，哈佛演讲学社再次向其提供资助。5 月，陈梦家编著之《海外中国铜器图录》（第一集）由国立北平图书馆出版，上海商务印书馆发行。5 月 4 日，西南联大宣告结束，北大、清华、南开复员北返，国立清华大学继续聘任其为教授。11 月，清华大学成立整理闻一多先生遗著委员会，其负责文字学和古史稿子的整编。本年，夫人赵萝蕤取得芝加哥大学英语语言文学硕士学位。

　　是年，遍访美国各处藏有青铜器的城市，多次到普林斯顿，力促乔治·罗利（George Rowley）教授在普林斯顿大学两百周年之际举办以中国为主的关于远东文化与社会的学术会议。发表《先秦卫有驰道考》（《文讯》第 6 卷第 9 期）。

　　1947 年，谢绝美国罗氏基金留美定居的邀请，毅然回国，返回清华大学任教。1948 年，在清华大学筹建起文物陈列室。北平和平解放前夕，拒绝国民党邀请乘飞机南下，拒绝出走，并劝友人不要离开北平。1949 年，北平和平解放，与朋友一起骑车进城迎接解放。解放初期，在清华大学讲授"中国文字学"和"现代中国语言学"等课程。1952年，全国高校院系调整，由清华大学转入中国科学院考古研究所，曾任考古研究所研究员、学术委员会委员以及《考古学报》编辑委员会委员和《考古通讯》副主编等职。1953年，完成七十万字巨著《殷墟卜辞综述》。1956年，《殷墟卜辞综述》《六国纪年》相继出版。1957年，被划为"右派分子"。1966年，"文化大革命"开始，遭到迫害，自缢身亡。1978年得到平反，被肯定为"我国著名的考古学家和文字学家"。

罗庸（1900~1950）

　　罗庸，字膺中，以喜读《中庸》，故有是字；号习坎，笔名陀陵、耘人、修梅等，为清初"扬州八怪"两峰山人罗聘后人，原籍江苏江都，即今扬州人氏，祖父时迁于北京。罗庸出生于北京，故每自称为"大兴人"。出生数月后，北京遭受"八国联军"之祸，太夫人携其及家人外出避祸数月，备尝艰辛，颠沛流离，由此造成身体孱弱。

　　1905年，入家塾启蒙，读王叔和《脉诀》。至1908年始读《论语》。1911年，辛亥革命爆发，读《论语》毕，始读《孟子》。1913年，考入京师第二中学。1917年夏，考入北京大学文科国学门，1920年毕业始学佛，修净土宗，精研释典。1921年，供职历史博物馆，凡五年。1923年，与赵纫秋女士完婚。1925年，长子式刚出生。1927年，应日本东京帝国大学之邀，与马衡等赴日本讲学，游东京、名古屋等地，归途游朝鲜。1928年，因北京军阀残暴，离平南下金陵，访欧阳竟无和吕澂。秋，应鲁迅先生之邀，赴广州中山大学任职，为中国文学系教授兼主任，寓居广州三年。其间，曾供职于教育部，与鲁迅先生共事，又曾任北大讲师，女师大、北师大讲席。1931年不满国民党对学校之控制，辞去中山大学教职，返杭州，任浙江大学教授。1932年秋回北平，任北京大学教授，并兼任北平大学、辅仁大学教授，兼职故宫博物院。1935年，华北事变爆发，北平学生举行爱国示威运动，爱国民主运动高涨。罗庸尽力掩护革命同志，资助青年从事革命活动和求学。始以"耘人"笔名发表讨论民间文艺的论文。"耘人"者，谦言舍己之田而耘人之田也。

1937年，七七事变爆发，北平沦陷，罗庸随北大迁往长沙。北大、清华、南开在长沙合作国立长沙临时大学，他任中国文学系教授，讲授"国文作文（乙）""国文读本（乙）"等课程。

1938年1月2日，与郑天挺长谈。2月6日，约郑天挺食面，晚饭后与郑天挺谈，以近作相示。长沙临时大学西迁昆明，4月更名为国立西南联合大学。4月2日，得郑天挺致书，朱自清来访；7日，朱自清寄信予之。6月11日，朱自清来访，举行茶会，在会上模仿已故黄侃先生诵诗的声调诵诗。9月27日，郑天挺致其书。10月，创作西南联大校歌歌词《满江红》。在蒙自，讲授"杜诗""先秦文"等课程。10月16日，西南联大常务委员会第八十九次会议决定，与冯友兰、朱自清、罗常培、闻一多诸先生为编制本校校歌校训委员会委员。11月7日，被云南大学聘任，讲授"中国文学史专题研究"；22日，郑天挺抵达昆明，与罗常培、陈雪屏、姚从吾、汤用彤、魏建功、毛子水等来接；24日，郑天挺来访小坐。

1939年，在西南联大讲授"国文读本（甲）""中国文学史（二）""汉魏六朝诗"等课程。春节在家宴请郑天挺、陈雪屏等人。1月16日，刘节来访。2月16日，受郑天挺、罗常培、陈雪屏之请，前往新生剧院观剧；19日，郑天挺来吃晚饭，与陈雪屏各作诗谜数十则同猜之。3月2日，访郑天挺，得见石君、季谷、苏甘、子祥诸公书；24日，生病中，扁桃体发炎，郑天挺来视疾。5月2日，郑天挺偕陈雪屏等来访；3日，40岁生日，郑天挺、陈雪屏来祝生日，晚饭后与郑天挺、魏建功、陈雪屏及女弟子石素珍各出诗谜十数条为戏。8月4日，访郑天挺，与其谈论石君书；6日，出席研究生口试。9月6日，出席北京大学文科研究所报考论文审查会；10日，约郑天挺食面；16日，出席北京大学文科研

罗庸

究所研究生口试，发问颇多。10 月 15 日，访郑天挺，借《新旧唐书合钞》；25 日，参加郑天挺等人主办宴请林觉辰之公宴。11 月，西南联大与云南省教育厅合办中等教师晋修班，罗庸受聘给学员讲授《历代诗选》；3 日，朱自清来访；10 日，访郑天挺。秋，任北京大学文科研究所导师。12 月 11 日，访郑天挺。

是年，发表《忆孟心史先生》（《治史杂志》第 2 期）。应老舍先生之约，以"佗陵"为笔名发表抗战文艺理论于《新动向》等杂志，并采用民间文艺形式创作《老妈辞话》等若干通俗读物，宣传抗战。

1940 年，在西南联大讲授"历代诗选（二）（唐）""中国文学史分期研究（三）"等课程，并在师范学院进修班讲授"历代诗选（二）（唐）"。元宵节，与夫人参加郑天挺、罗常培等人的宴请，并作诗谜。2 月 28 日，母仙逝，欲往浙省奔丧，因身体原因，被郑天挺和罗常培劝止。3 月 2 日，郑天挺来访，祭拜其亡母；3 日，亡母头七，郑天挺又来祭奠。4 月 26 日，赠郑天挺《地藏菩萨本愿经》。8 月，应联大夏令讲习会之请，出席第六次演讲会，在昆华中学演讲《感与思》；16 日，出席西南联大二十八年度教授会议第三次会议。《国文月刊》创刊，担任编委。

是年，发表《少陵诗论》（《经世》第 1 卷第 2~3

期），《文学史与中学国文教学》（《国文月刊》第
1卷第1期）、《感与思》（《国文月刊》第1卷第3
期）、《论学诗》（《读书通讯》第13期）。

1941年，在西南联大讲授"中国文学史分期研究"
（二）、"词选"等课程。12月，应西南联大文史学
会之请，演讲《诗的欣赏》。3月14日，赁宅大火，
藏书、手稿、日记被烧毁，生活日渐贫困。是年，发表
《思无邪》（《国文月刊》第1卷第6期）、《读杜举
隅》（《国文月刊》第1卷第9期）、《与会员石鲁君
论诗》（《读书通讯》第32期）、《答唐钧焘论诗书》
（《读书通讯》第27期）。

1942年，在西南联大讲授"国文壹E（读本）"
"中国文学专书选读（《诗经》）（注二）""中国文
学史分期研究（三）""词选"等课程，并在西南联大
师范学院国文系讲授"中国文学专书选读（《诗经》）
（注三）"等课程。1月17日，应西南联大儒学会之
请，演讲《我与论语》。2月21日，应北京大学文科研
究所之请，演讲《九歌解题及其读法》。5月12日，
应昆明广播电台之邀，播讲《儒家的根本精神》。夏，
约友人及研究生讲《习坎庸言》于兴华街寓庐。9月28
日，与吴泽霖、邵循正、吴达元、闻家驷、赵西陆等教
授被中法大学文学院聘为教授。秋，兼任中法大学文史

系主任。11月，西南联大文史学会拟举办"文史学十四讲"，与闻一多、汤用彤、朱自清、邵循正、郑天挺、冯文潜、金岳霖、杨振声、冯至、袁家骅、陶云逵、罗常培等受邀演讲。12月29日，西南联大文史学会请罗庸在"文史学十四讲"中演讲《诗的欣赏》。

是年，发表《诗人》（《国文月刊》第1卷第18期）、《古乐杂记》（《国文月刊》第1卷第15期）、《论读专书：西南联合大学国文学会中国文学十二讲讲稿》（《国文月刊》第1卷第17期）、《我与论语》（《国文月刊》第1卷第14期）、《答卢兆显君论诗词书：附卢君来问三则》（《读书通讯》第34期）。

1943年，在西南联大讲授"国文壹E（读本）""中国文学专书选读（杜诗）（注四）""中国文学史分期研究（一）"等课程，在西南联大师范学院国文系初级国文科讲授"中国文学专书选读（杜诗）（注二）"等课程。3月，应滇西战时干部训练团邀请，与潘光旦、费孝通、曾昭抡、孙毓棠等至大理讲学。5月，《鸭池十讲》结集出版。12月28日，应西南联大文史学讲演会之请，演讲《陶渊明》。

是年，发表《论为己之学》（《国文月刊》第1卷第24期）、《儒家的根本精神》（《文选(福建永安)》第2卷第1期）、《诗的境界》（《国文月刊》第

22 期）。

1944 年 1 月，《大理国张胜温梵画长卷》在昆展览，作《张胜温梵画赘论》；云南大学文史系设立文史研究室，被聘为特约导师。5 月 5 日，西南联大国文学会、外国语文学会、中法文史学会与昆明文艺界等联合举办第一届五四文艺节纪念大会，罗庸受邀讲《五四以来中国文学史研究工作的发展》。6 月 8 日，应中法大学文史学会邀请演讲《文言白话问题之再检讨》；14 日，与闻一多、游国恩、李广田等出席文协昆明分会及各大学文艺团体联合举行的诗人节晚会。9 月 9 日，代理西南联大文学院中国文学系及师范学院国文系主任；30 日，昆明南菁中学请罗庸演讲《尚志与好学》。11 月 2 日，被聘为西南联大文学院中国文学系暨师范学院国文学系主任；28 日，应中法大学文史学会系统演讲之请主讲"文选"。12 月 5 日，出席西南联大三十三年度教授会议第三次会议。

是年，发表《楚辞纂义叙》（《国文月刊》第31/321 期）。

1945 年，在西南联大讲授"历代诗选（汉魏六朝）（注四）""专书选读（楚辞）（注五）""中国文学史分期研究（一）"等课程。4 月 5 日，与李广田、闻一多、冯至、杨周翰、卞之琳、王佐良在国文学会、外国语文学会联合主办总题为"诗"的文学晚会上分别主讲；26日，应云南省教育会之请，演讲《孔子及其时代》。5月5日，西南联大国文学会、外国语文学会、中法文史学会等团体与昆明文艺界在新校舍大草坪联合举办第一届"五四"文艺节纪念大会，与闻一多、闻家骊等分别发表演讲。6月14日，文协昆明分会及各大学团体联合举行诗人节纪念会，与闻一多、游国恩、李广田、冯至分别演讲、报告和朗诵。9月8日，出席西南联大三十四年度教授会会议第一次会议。12月2日，出席西南联大三十四年度教授会会议第三次会议；10日，出席西南联大三十四年度教授会会议第五次会议；19日，出席西南联大三十四年度教授会会议第七次会议；20日，出席西南联大三十四年度教授会会议第八次会议；22日，出席西南联大三十四年度教授会会议第九次会议。

是年，为完善《续修玉溪县志稿》，受李鸿祥之邀，与费孝通、冯景兰、刘文典等到玉溪考察，并受邀到五华讲习班讲学。校订明遗民陈佐才（字翼叔）诗集，成《蒙化府陈翼叔诗集考异》一卷。发表《我的中学国文老师》（《国文月刊》第34期）。

1946年，在西南联大讲授"历代文选（二）近代""中国文学专书选读（一）（《论语》）""中国文学专书选读（二）（《孟子》）"，"中国文学史分期研究（二）"等课程，在师范学院国文学系讲授"中国文学专书选读（一）《论语》（注一）""中国文学专书选读（二）《孟子》（注一）"等课程，于专修科文史组讲授"中国文学专书选读（一）（《论语》）""中国文学专书选读（二）（《孟子》）"等课程。4月7日，应五华中学之请，与朱自清、刘崇鋐任该校毕业学生文学组升学指导。5月10日，出席西南联大教授会三十四年度第十二次会议；22日，应基督教青年会之请，组织中国文学系统演讲。6月，为陈冀叔诗集作序；3日，应基督教女青年会之请，演讲《诗与宗教》。7月24日，撰写《国立西南联合大学教授闻一多先生事略》（闻一多追悼会在昆中北院举行，梅贻琦主祭，罗庸报告闻一多生平事略，黄钰生及马忠致哀辞）；28日，国立昆明师范学院筹备就绪，罗庸任国文系主任。8月，为马曜《茈湖精舍诗初集》作序；1日，国立昆明师范学院正式成立，任国文系主任；6日，在五华文史研究会演讲《为学为人》；16日，在国民党云南省党部主讲《礼乐管窥》。曾多次主持云南省教育会国文教学会议，又在《中央日报》上开辟《史语》副刊，参与《云南论坛》编辑工作。

是年，发表《战后的国语与国文》（《国文月刊》第40期）。

1947 年 6 月，国立昆明师范学院与云南省教育学会和科学研究社合办中学各科教师座谈会，应邀在国文座谈会上解答中学教师所提出的疑问；17 日，许寿棠致信与之。五华学院创办，兼任五华学院中国文学系教授。

是年，发表《中国文学史导论 (一)》（《五华》第 2 期）、《中国文学史导论 (二)》（《五华》第 4 期）、《中国文学史导论 (三)》《五华》第 5 期）、《中国文学史导论 (四)》（《五华》第 6 期）、《儒学述要》（《云南教育》第 2 卷第 2 期）、《艺术讲话：意境与感觉》（《广播周报》复刊之意第 52 期）。

1948 年 2 月 1 日，为平沪来滇学生致函云南大学校长熊庆来，希望借读云南大学。3 月 2 日，复致函熊庆来，为李晓借读一事奔波。7 月 15 日，昆明大中学生举行"反美扶日"运动，遭反动政府镇压，罗庸多次设法营救被捕学生。1949 年，为徐嘉瑞《大理古代文化史稿》作序。5 月初，受邀到重庆北碚勉仁文学院讲学。1950 年 6 月 25 日，病逝于北碚医院。

王信忠（1908~？）

王信忠，江苏南通人，笔名讯中，多以此行世，民国日本史研究专家，与王芸生齐名。家世情况不可考。

1927年，考入清华学校，初学政治，后改攻历史，师从蒋廷黻。1930年，入清华研究院。1934年，完成硕士论文《中日甲午战争之外交背景》。毕业后，赴日本东京大学研究院深造，补充修改毕业论文。1936年回国，任教清华大学。

1937年4月，《中日甲午战争之外交背景》由清华大学出版部出版，作为"清华大学研究院毕业丛刊"之一种，为中国第一部研究甲午战争历史背景和起因的专著，四十五万字，共十章。同月底，同学邵循正结婚，为其做伴郎。在长沙临时大学讲授"现代日本"课程。

是年，发表《中日外交调整的途径》（《独立评论》第233期）、《甲申事变始末》（《清华学报》第12卷第

1期）。翻译《书评：JAPAN'S FOREIGN RELATIONS，1542—1936》，发表于《社会科学（北平）》第2卷第4期。

1938年2月18日，代叶企孙致函梅贻琦。3月28日，归昆明。5月21日，邀朱自清晚餐。8月8日，出席云南省中学师范教员暑期讲习会历史学科教材法讨论。在蒙自讲授"现代日本""现代中日外交史"课程。与陈省身、华罗庚同住一房间。

1939年5月13日，出席西南联大教授会二十七年度第一次会议。8月，与杨凤岐合作翻译的夏披罗（J.S.Schapiro）所著《欧洲近世史及现代史》由商务印书馆出版。9月19日，与冯友兰在云南省各界纪念"九一八"大会上演讲；26日，访郑天挺。在西南联大讲授"近代中日外交史""现代日本"课程。

是年，发表《陆奥外交：日清战争之外交史的研究》（《中国社会经济史集刊》第6卷第1期）、《欧战爆发后敌国外交的动向》（《新动向》第3卷第2期）、《敌国内政外交的动向》（《今日评论》第1卷第23期）、《苏德订约与远东》（《今日评论》第2卷第11期）、《日本外交政策的检讨》（《今日评论》第1卷第3期）、《日本外交的新阴谋》（《今日评论》第2卷第9期）、《论日苏关系》（《今日评论》第2卷第 16 期）、《敌国情况：敌国外交的末路》（《改进》1939 年第 2 卷第 6 期）、《日本新阁的动向及对欧战的态度》（《今日评论》第 2 卷第 12 期）、《两年来日本的政治与经济》（《今日评论》第 2 卷第 3 期）、《关于"东亚新秩序"敌国舆论的一般》（《今日评论》第 1 卷第 10 期）、《最近日本对华政策的动向》（《今日评论》第 1 卷第 11 期）、《欧洲大战爆发后的日本》（《抗战周刊》第 18~19 期）等文章。

1940 年 1 月 23 日，对美日商约失效后的时局分析刊登在《云南日报》。6 月 21 日，应西南联大史地学会之请，在昆北南食堂讲演《欧局激化后之日本企图》；同日访吴宓，与其谈时局。在西南联大讲授"近代中日外交史""现代日本"课程。8 月 16 日，出席西南联大教授会二十八年度第三次会议。

是年，发表《日本军部与元老重臣》（《战国策》第 2 期）、《日本参战吗？》（《战国策》第 6 期）、《日本财政之回顾与前瞻》（《今日评论》第 3 卷第 8 期）、《论近卫新阁》（《今日评论》第 4 卷第 3 期）、《日本的南进》（《今日评论》第 4 卷第 22 期）、《三国同盟与中日》（《今日评论》第 4 卷第 16 期）、《今后日本的内政外交》（《今日评论》第 4 卷第 10 期）、《日本内阁的更迭与今后的政局》（《今日评论》第 3 卷第 4 期）、《三年来日本对华政策的演变》（《今日评论》第 4 卷第 1 期）、《论傀儡政权》（《今日评论》第 14 期）等文章。

1941 年 2 月 26 日，应西南联大工学院之请，演讲《日本南进与我国抗战形势》。3 月 13 日，在昆明广播电台播讲《敌国内政外交现状》。5 月 8 日，出席梅贻琦主持召开的清华大学教授会，与萧蘧、张奚若、伍启元、陈岱孙、陈达、陈福田在会上发言。7 月 23 日，西南联大国民党区党部正式成立，被选为执行委员。10 月 8 日，出席西南联大教授会三十年度第一次会议，与张奚若、燕树棠、周炳琳、陈福田、陈岱孙、陈雪屏、李继侗、潘光旦、罗常培、杨振生、李辑祥等十二人当选三十年度校务会议教授代表。11 月 13 日，出席西南联大校务会议第四届第一次会议；20 日，讲《日本现状》；25 日，与蔡维藩等五十四人提议召开教授大会共商解决生计办法。12 月 10 日，出席"太平洋大战"座谈会，并作总结；13 日，西南联大国民党区党部第一次执行委员会会议召开，被选为组织主任；26 日，应基督教青年会之请，演讲《远东战局之展望》。在西南联大讲授"近代中日外交史"课程。

是年，发表《德苏战争》（《当代评论》第 1 卷第期）、《太平洋大战爆发》（《当代评论》第 1 卷第

24 期）、《近卫第三次内阁》（《当代评论》第 1 卷第 4 期）、《日本内阁的更迭与今后内政外交的动向》（《当代评论》第 1 卷第 17 期）、《十年来的中日关系》（《当代评论》第 1 卷第 17 期）、《日寇的动态》（《今日评论》第 5 卷第 4 期）、《南进声中的日寇诡谋》《今日评论》第 5 卷第 8 期）、《苏日中立条约之观察》（《日本评论》第 13 卷第 7 期）等文章。

1942 年，离开西南联大，赴美国进修。2 月 7 日，被列入云南省政府科学演讲名单。5 月 6 日，应昆明广播电台之邀，播讲《世界大战与远东》；7 日，出席西南联大校务会议第四届第三次会议；21 日，出席西南联大教授会三十年度第三次会议；31 日，在西南联大国际情势讲演会主讲《远东与世界大战》。在西南联大讲授"日本通史"课程。6 月，《日本历史概说》由正中书局出版。7 月 15 日，出席西南联大教授会三十年度第四次会议；30 日，清华大学召开教授会，与萧蘧、陈福田、周培源、赵访熊等被选为评议委员。11 月 26 日，当选西南联大校务会议教授代表候补人。12 月 16 日，出席梅贻琦召开的留美自费生奖学金办法讨论会。

是年，发表《太平洋战局与中国》（《当代评论》第 2 卷第 6 期）、《战后远东和平的展望》（《当代评论》第 3 卷第 4 期）、《日本作战力的估计》（《当代评论》第 3 卷第 4 期）、《世界战局的总检讨》（《当代评论》第 3 卷第 4 期）、《远东问题的回顾与前瞻》（《世界政治》第 7 卷第 15 期）、《中日马关议和》（《人文科学学报》第 1 期）等文章。

1943 年 2 月 28 日，与伍启元夫妇、徐毓枬夫妇、龚祥瑞夫妇、邵循正、张奚若夫妇出席梅贻琦晚宴。3 月 12 日，与梅贻琦谈赴美研究计划；17 日，与雷海宗、姚从吾、郑天挺等赴重庆出席中国历史学会议。5 月 19 日，出席西南联大教授会三十一年度第二次会议。7 月 30 日，吴志青《太极正宗（增订本）》出版在即，为其题字。在西南联大讲授"中国近代外交史""日本通史"课程。

是年，发表《平等新约专号：中国近代外交的新纪元》（《当代评论》第 3 卷第 9 期）、《日本的现代化（书评）》（《学术季刊》第 2 期）、《珍惜过去与警惕未来》（《大鹏月刊》第 10 期）等文章。

1944 年在美国。12 月 16 日，胡适生日，应邀赴宴。同出席者有赵元任夫妇、周一良夫妇、王恭守夫妇、Mrs.Hartman、萨本栋、吴宪、张福运、裘开明、杨联陞、张其昀等。

1945 年，抗战胜利后，曾任中国驻日本代表团专门委员，出席盟国管制日本委员会，任副秘书长。

1946 年，学校准假一年，赴日本考察。夏，返回西南联大。后又返回日本。

1947 年，邓嗣禹离开美国芝加哥大学休假，路经东京，拜访了王信忠。

1948 年 4 月 30 日，清华大学文科研究所中国文学部为其举行毕业初试，陈寅恪、俞平伯、游国恩等任考试委员。是年，发表《诞生》（《兰州和平日报周刊》第 2 期）。

1952 年，从盟国委员会离职，后去台湾。

1957 年 5 月 6 日，梅贻琦写信给他。10 月 19 日中午，参加朋友在台湾萤桥的烤牛肉宴会；25 日，与梅贻琦、查良钊略看工业展览及市面庆祝光复节盛况，钱思亮约晚饭。

限于资料等原因，其后关于其记载阙如。

参考文献

［1］王康：《闻一多传》，湖北人民出版社 1979 年版。

［2］中国科学家辞典编委会：《中国科学家传略辞典》（现代第 4 辑），1982 年。

［3］北京图书馆《文献》丛刊编辑部、吉林省图书馆学会会刊编辑部编：《中国当代社会科学家》（第 6 辑），书目文献出版社 1983 年版。

［4］王乃庄、王德树主编：《中华人民共和国人物辞典 1949—1989》，中国经济出版社 1989 年版。

［5］梁锡华编：《胡适秘藏书信选》，风云时代出版公司 1990 年版。

［6］闻黎明、侯菊坤编：《闻一多年谱长编》，湖北人民出版社 1994 年版。

［7］清华大学校史研究室编：《清华大学史料选编》第 3 卷下《西南联合大学与清华大学 1937—1946》，清华大学出版社 1994 年版。

［8］韩信夫、姜克夫主编：《中华民国大事记》，

中国文史出版社1997年版。

　　［9］北京大学等编：《国立西南联合大学史料》（1~6卷），云南教育出版社1998年版。

　　［10］李景汉：《定县社会概况调查》，上海人民出版社2005年版。

　　［11］西南联合大学北京校友会编：《国立西南联合大学校史：一九三七至一九四六年的北大、清华、南开》，北京大学出版社2006年版。

　　［12］赵立彬编著：《学识渊博的优秀教育家陈序经》，广东人民出版社2009年版。

　　［13］汤一介、赵建永编：《汤用彤学记》，生活·读书·新知三联书店2011年版。

　　［14］晓亮编著：《从清华走出的教育家》，中国三峡出版社2011年版。

　　［15］陈达：《浪迹十年之联大琐记》，商务印书馆2013年版。

　　［16］潘光旦著；潘乃穆、潘乃和编：《潘光旦日记》，群言出版社2014年版。

　　［17］闻黎明、侯菊坤编著；闻立雕审定：《闻一多年谱长编》（上、下，修订版），上海交通大学出版社2014年版。

　　［18］陈国符：《道藏源流考新修订版》，中华书

局 2014 年版。

［19］田彤编：《中国近代思想家文库陈序经卷》，中国人民大学出版社 2015 年版。

［20］刘昀：《孤帆远影：陈岱孙与清华大学》，商务印书馆 2017 年版。

［21］王逊著；王涵编：《王逊文集》（五卷本）第五卷《翻译·书信·附：王逊年谱》，上海书画出版社 2017 年版。

［22］郑天挺：《郑天挺西南联大日记》（上下），中华书局 2018 年版。

［23］梅贻琦著；黄延复，王小宁整理：《梅贻琦西南联大日记》，中华书局 2018 年版。

［24］哈正利、张福强：《吴泽霖年谱》，上海文艺出版社 2018 年版。

［25］周川主编：《中国近现代高等教育人物辞典》，福建教育出版社 2018 年版。

［26］朱自清：《朱自清日记 1942—1946》（下），石油工业出版社 2019 年版。

［27］朱自清：《朱自清日记 1937—1941》（上），石油工业出版社 2019 年版。

［28］赵建永：《汤用彤先生编年事辑》，中华书局 2019 年版。

［29］梁锡华编：《胡适秘藏书信选》，风云时代出版公司 1990 年版。

［30］宋林飞主编：《江苏历代名人词典》，江苏人民出版社 2019 年版。

［31］陈其津：《我的父亲陈序经》，南开大学出版社 2020 年版。

［32］子仪：《陈梦家先生编年事辑》，中华书局 2021 年版。

［33］戴学稷、徐如编：《邵循正先生百年诞辰纪念文集续编》，内部出版物。

［34］戴学稷、徐如编：《邵循正先生百年诞辰纪念文集·部分学生友好亲人的怀念与回忆》，内部出版物。

后 记

西南联大是永恒的话题，引起了无数"英雄"的兴趣，可谓炙手可热。各路"英雄"各显神通，阐述了多彩的西南联大，然而"热"的背后，我们似乎忽视了西南联大研究的基础性工作。比如西南联大史料长编、西南联大史事编年、西南联大大事记、西南联大人物传记专题、西南联大志等，目前这些成果还不见问世。西南联大研究基础性工作的重要性不言而喻，说白了就是史料整理、大事记和人物等历史研究。

庆幸的是，本书就是西南联大研究基础性工作的一部分，属于西南联大人物传记专题的一部分和新的尝试。希望这种尝试对于推动西南联大的研究和宣传西南联大有所助益，则也不失本书的价值，不枉笔者的初心。

一本书的创造，除了作者的初心不改，始终与学界研究的积淀、学者们的笔耕不辍息息相关。可以毫不夸张地说，离开了前辈学者的研究，本书的写作将会很艰难。本书创作过程中借鉴了不少学者的研究，在此一并致谢！需要说明的是，书中的图片大多由龙美光先生提供，在此致以崇高的敬意！

其实，本书能出版最应该感谢冯琰老师。我们经常谈论西南联大相关话题，当聊到西南联大人物传记的时候，她以专业编辑的"鹰眼"迅速捕捉到这本书的价值；当我和她聊这本书的来源、构思时，她的兴趣越来越浓。最后，在她的帮助下，这本书有幸入选"云南出版集团滇版精品图书扶持项目"名录，并顺利出版，其中付出了多少努力，可想而知。编辑界流行的一句话说"为他人做嫁衣"，如果没有编辑老师们一遍遍的校稿，本书可能会错漏百出。正是由于他们细致的编辑、校对工作，才使得本书能够呈现在读者面前。在此一并致敬！同时，没有家人们的支持，本书也很难问世，深深感谢！

"文章千古事，得失寸心知。"由于笔者才疏学浅，难免挂一漏万、纰漏百出，敬请读者诸君批评指正！

作者

2025 年 4 月